Markus Schaefer,
geboren 1966, Studium der Evangelischen Theologie
in Bonn, Heidelberg, Göttingen und Wuppertal,
Pfarrer in Rheinbach bei Bonn, seit September 2002
Pfarrer der Deutschen Evangelischen Gemeinde in Paris.

Markus Schaefer

Schokolade macht glücklich – Gott auch!

Eine Ermunterung zum Glauben

Gütersloher Verlagshaus

Bibliografische Information Der Deutschen Bibliothek
Die Deutsche Bibliothek verzeichnet diese Publikation in der Deutschen Nationalbibliografie; detaillierte bibliografische Daten sind im Internet über http://dnb.ddb.de abrufbar.

ISBN 3-579-06901-2

Umschlaggestaltung: Init GmbH, Bielefeld
Umschlagmotiv: © Inge Wulfken-Jung
Druck und Bindung: Clausen & Bosse, Leck
Printed in Germany

www.gtvh.de

Inhalt

Kann man von Gott sprechen wie von Schokolade?

Dieses Buch soll ein persönliches Buch sein. Es erzählt etwas von den Erfahrungen eines konkreten Menschen, von seinen Gefühlen, Gedanken und Erlebnissen. Wenn es ein persönliches Buch geworden ist, hat es wahrscheinlich alle Fehler und Macken, die ein persönliches Buch haben kann. »Das ist deine Erfahrung, ich denke anders.« Mit diesem Argument ließe sich so ziemlich jeder Satz in diesem Buch widerlegen.

Das Risiko gehe ich gerne ein. Gerade wenn es ein persönliches Buch ist, erhebt es keinen Anspruch auf Vollständigkeit und denkerische Wasserdichte. Aber das ist nicht schlimm. Meiner Meinung nach kommen im Leben die besten Dinge nicht dabei heraus, dass einer etwas sagt und alle nicken. Sondern da, wo der eigene Standpunkt in Frage gestellt wird, wo ein Gespräch entsteht, wo wir in Bewegung geraten. Dieses Buch soll nachdenklich machen und Gespräche anregen. Vielleicht mit Ihrem Freund, mit Ihrem Ehepartner, Ihren Kindern, Ihren Kollegen, Ihrer Pfarrerin, Ihrem Pastor… oder mit mir.

Dieses Buch soll ein »Grenzbuch« sein. Es will einerseits Menschen ansprechen, die sich schon für religiöse Fragen, für Gott und den Menschen interessieren, die sich über den Glauben Gedanken machen. Für sie soll es eine

Argumentationshilfe sein. Es soll helfen, die eigenen Gedanken zu ordnen und neue Gedanken anzuregen. Ich selbst lese am liebsten Bücher, bei denen ich das Gefühl habe, dass sich meine eigenen, wirren Gedanken darin wohl geordnet und gut formuliert wiederfinden. »Das habe ich auch schon mal gedacht; ich hätte es aber nie so sagen können«, denke ich dann oft.

Bewusst nimmt das Buch oft geäußerte Einwände gegen den Glauben an Gott auf. Es will die Wahrheit in diesen Einwänden aufdecken – Menschen, die nicht an Gott glauben, sind keineswegs dümmer als Gläubige. Es will außerdem eine Gesprächshilfe sein für die, die meinen, für ihren Glauben keine Argumente zu haben. Der Glaube an Gott ist allen Unkenrufen zum Trotz durchaus vernünftig, und keiner, der das Glaubensbekenntnis spricht, muss vorher seinen Verstand an der Garderobe abgeben.

Das Buch richtet sich andererseits an Menschen, die bislang nur wenig oder gar nichts über Gott erfahren wollten und einfach mal einen Anfang machen möchten. Warum nicht mit der Frage beginnen, warum einer überhaupt an Gott glaubt. »Warum soll ich an Gott glauben?« Mancher wird diese Fragen schon anstößig finden. Da schwingt die Überlegung mit, was es denn nutzt, was es mir »bringt«, an Gott zu glauben. Ich finde es gut und richtig, solche Fragen zu stellen. Jesus selbst hat das Wagnis, sich auf Gott einzulassen, nach ihm zu fragen, – höchst anstößig – mit einer militärischen Operation verglichen, bei dem vorher ganz genau abgewägt wird, ob der Feldzug die Mühen und Opfer lohne. Dass auf viele Zeitgenossen der christliche Glaube heute so wenig

attraktiv wirkt, hat vielleicht auch damit zu tun, dass so wenige seiner Anhänger fröhlich und deutlich sagen können, warum sie glauben.

Dieses Buch ist ein tendenziöses Buch. Ich wäge nicht objektiv ab, ob es sich lohnt an Gott zu glauben. Ich bin davon fest überzeugt. Und natürlich ist es meine Absicht, dass es etwas von der Begeisterung, von den guten Erfahrungen vermittelt, die ich mit Gott gemacht habe. Wenn Sie eine Leibspeise haben, etwas, dem Sie nicht widerstehen können, werden Sie auch kaum eine objektive Abhandlung darüber schreiben wollen. Ich zum Beispiel liebe eisgekühlte Jogurt-Schokolade von Ritter Sport (ich lebe im Moment in Frankreich und es ist einer der ganz wenigen Nachteile dieses Landes, dass es diese Schokoladensorte dort nicht gibt). Über Ritter Sport Jogurt könnte ich auch keine neutrale, wissenschaftliche Abhandlung schreiben, selbst wenn ich Lebensmittelchemiker oder Diätberater wäre. Sie würden immer heraushören, dass ich ein Fan dieser Schokolade bin. Wenn das schon bei einer verhältnismäßig unwichtigen Sache wie Schokolade so ist, wie wenig neutral kann man dann über Gott schreiben?! Natürlich könnte ich möglichst neutral über Gott schreiben, dann würde das Ganze aber ein akademischer Wälzer, über den man trefflich diskutieren könnte, der aber nicht die Erfahrungen, Gefühle und Gedanken wiedergeben könnte, die ich in meinem Alltagsleben mit Gott verbinde.
»Schokolade macht glücklich, Gott auch.« Das erscheint dem einen oder anderen vielleicht etwas zu plakativ. An Gott zu glauben hat für mich viel mit Schokolade essen

zu tun, sagen wir: mit Ritter Sport Jogurt. In Schokolade sind nachweislich Stoffe, die ein Wohlbefinden im Körper hervorrufen. Ich habe das nachgeschlagen: Im Eiweiß der Schokolade befindet sich eine Aminosäure, Phenylalanin. Diese wird von der Leber zu Phenyläthylamin abgebaut, das wiederum im Gehirn ähnlich wirkt wie Adrenalin. Aber selbst ganz ohne Biochemie: Wenn wir Kummer oder Sorgen haben, essen wir ein Stück (oder eine ganze Tafel) Schokolade und fühlen uns besser (wenn Sie keine Schokolade mögen, setzen sie hier einfach *Ihre* kleine kulinarische Schwäche ein). Letzten Endes löst Schokolade aber keines der Probleme wirklich, die uns auf der Seele liegen, und auch der Zahnarzt ist von der Heilkraft der Schokolade nur schwer zu überzeugen.

Schokolade macht glücklich – für den Moment. Gott macht auch glücklich – aber ein Leben lang! Er löst nicht all unsere Probleme, aber im Kontakt zu ihm, so glaube ich, können wir eine sinnvolle, verantwortungsbewusste und fröhliche Lebensart entwickeln.

Ich würde mich auch freuen, wenn Sie, die Leserin oder der Leser, durch die Lektüre des Buches ins Nachdenken kommen über Gott und den Wunsch, ein glückliches Leben zu führen. Dennoch soll dieses Buch nicht im engeren Sinne missionarisch sein. Es gibt Tausende Bücher, die ganz direkt und manchmal ziemlich aufdringlich missionarisch sind, die dazu einladen, sich zu bekehren. Es ist gut, dass es solche Bücher gibt. Ich ärgere mich aber manchmal über sie. Nicht, weil es schlecht wäre, jemanden zum Glauben einzuladen. Sondern weil dies in einer Sprache und mit einer Masche geschieht, die den anderen entweder hoffnungslos überschätzt oder schlicht für blöd verkauft. Diese Bücher überschätzen ihre Leser, wenn sie ausgerechnet diejenigen, die sich bislang wenig für Gott und den Glauben an ihn interessiert haben, mit Vokabeln bombardieren, die sie unmöglich verstehen können. »Gnade«, »Sünde«, »Erlösung«, »Schöpfer«, »Gerechtigkeit«, »Stellvertretung«, »Buße«... viele christliche Begriffe sind den Menschen heute unverständlich geworden. Das kann man beklagen. Man kann es den Menschen aber nicht vorwerfen. Einem, der lernen will, mit einem Computer umzugehen, darf man auch nicht gleich beim ersten Mal Bits und GigaBytes, Downloads und ROMs, Updates und Links um die Ohren hauen. Ich möchte daher versuchen, soweit wie möglich ohne ein Glaubens- und Kirchenchinesisch auszukommen. Auch dabei denke ich wieder sowohl an die, die anderen ihren lieb gewonnenen Glauben weitererzählen möchten, als auch an die, die bislang wenig über Gott nachgedacht haben.

Schon beim Lesen dieser Einleitung sind Sie hoffentlich an der einen oder anderen Formulierung »hängen geblieben«, haben sich gefreut oder geärgert: Kann man Gott mit Schokolade vergleichen? Man kann. Manche Gottesdienstbesucher halten meine Sprache für nachlässig, schnodderig, unangemessen. Ich möchte bewusst so von Gott sprechen. Wenn Gott nur für den Sonntagmorgen zuständig wäre, wäre eine gewählte Sonntagssprache gerechtfertigt. Hat Gott aber etwas mit meinem Alltag zu tun, warum sollte ich anders über ihn (und mit ihm) reden als sonst auch?

1. Was ist das eigentlich, »glauben«?

Angenommen, Gott macht tatsächlich glücklich wie Schokolade oder noch mehr, dann wäre es doch interessant zu wissen, wie man denn an diese »Schokolade« im Leben herankommt. Gott liegt nicht im Süßwarenregal im nächsten Supermarkt, man muss ihn entdecken. Man muss an ihn glauben. So leicht zugänglich wie Ritter Sport Schokolade ist er offenbar nicht.

Doch was heißt das eigentlich, glauben? Es existieren mindestens so viele Vorurteile über den Glauben wie über Gott selbst. Die meisten halten den christlichen Glauben für eine ziemlich überholte Angewohnheit, die sich ein erfolgreicher, vernünftiger Mensch heute nicht mehr leisten kann. Viele meinen, der Glaube würde sie in der Entfaltung ihrer Persönlichkeit behindern, sie einschränken, ihnen den Spaß am Leben nehmen, ihnen Verbote aufzwingen. Ich möchte zeigen, dass genau das Gegenteil der Fall ist.

Ich möchte diese Vorurteile aber nicht einfach übergehen; sie basieren auf Beobachtungen und – meist schlechten – Erfahrungen. Aber ich möchte Sie ermuntern, zunächst über die Bedeutung des Wortes »glauben« anders nachzudenken. Sie werden merken: Wer den Glauben neu entdeckt, entdeckt Gott – und seine Schokoladenseiten meist mit.

Glauben heißt nicht wissen

Mit diesem viel zitierten Satz wollen Kritiker den Glauben an Gott abwerten. An Gott könne man »nur« glauben, die ganze Veranstaltung sei eine ziemlich unsichere Sache. Von Gott könne man eigentlich nichts wissen. Nur auf die Dinge, die man wisse, könne man sich auch verlassen, auf Glaubensdinge dagegen nicht. »Erst seit man *weiß*, dass viele Krankheiten von Bakterien oder Viren ausgelöst werden«, sagt mir jemand, »kann man diese Krankheiten eindämmen. Solange nur einige fortschrittliche Forscher daran *glaubten*, dass sie die Ursache für die Krankheiten sind, konnte man keine Medikamente gegen sie entwickeln oder Maßnahmen zu ihrer Verhütung durchsetzen.« Und das stimmt ja auch.

»Glauben heißt nicht wissen.« Ich finde diesen Satz okay, denn Gott ist keine Krankheit und von ihm weiß ich nicht alles. Es gibt Züge an ihm, Geschichten von ihm, Erfahrungen mit ihm, die mir unverständlich bleiben. Gott ist meinem Glauben nach so groß, dass kein Wissen ihn je wird erfassen können.

Schon bei viel kleineren Dingen erweist sich Wissen als unvollständig und lebensfern: Von einem Menschen, den ich liebe, kann und will ich auch nicht alles wissen. Natürlich lerne ich ihn im Laufe der Zeit immer besser kennen, erfahre mehr über seine Lebensgeschichte, seine Vorlieben und Gewohnheiten. Aber die Liebe verbietet mir, ihn mit diesem Wissen gleichzusetzen, ihn auf seine Geschichte festzulegen, ihn für unwandelbar zu halten.

Vielmehr will ich ihn immer neu entdecken. Dieser Mensch ist immer mehr, als ich von ihm weiß. Ich »weiß« oder »kenne« einen Menschen nie vollständig. Das Kennen-und-Lieben lernen bleibt eine Lebensaufgabe. Ich bin nie damit fertig. Natürlich ist auch der Erwerb von Wissen eine lebenslange Aufgabe. Aber doch so, dass ich lediglich neue Informationen über einen feststehenden Sachverhalt in Erfahrung bringe. Einen Menschen, den ich liebe, kenne ich nie vollständig, weil er sich verändert. Er offenbart mir immer neue Seiten, verhält sich nicht immer gleich. Ich »weiß« ihn nicht, und selbst ihn zu kennen, heißt nicht, alles über ihn zu wissen. So ist es mit Gott auch. Mein Wissen über Integralrechnung oder die Hauptstädte Europas ist vielleicht irgendwann vollständig. Wissen heißt: über Informationen verfügen, für Günther Jauch oder für die Abiprüfung. Was ich weiß, habe ich (im Idealfall) im Kopf und unter Kontrolle. Ich kann es aus meinen grauen Zellen herauskramen und darüber verfügen. Über Gott aber kann und soll ich nicht verfügen.

Natürlich gilt es auch, über Gott Informationen zu sammeln. *Natürlich* kann ich etwas von Gott wissen: etwa, dass er nach dem Zeugnis der Bibel die Welt und mich erschuf, wie er an seinem Volk Israel gehandelt hat, wie er sich der Welt zugewandt hat. Aber Gott wird zu Recht oft als »Geheimnis« bezeichnet, weil unser Wissen über ihn immer nur Stückwerk ist. Zugleich ist Gott kein schwarzes Loch, aus dem keine Information entrinnen kann und zu dem nie jemand gelangen wird. Der Glaube kommt nicht ohne Wissen aus, aber Glauben ist sehr viel mehr als Wissen.

Mit dem Glauben ist es ein bisschen wie mit dem Autofahren: Bevor Sie den Führerschein machen, müssen Sie sich erst bestimmte Kenntnisse verschaffen. Wer die Verkehrsschilder nicht deuten kann, nicht weiß, dass er sich vor dem Losfahren anschnallen und bei Rot anhalten muss, kann das Fahrtalent eines Michael Schumacher haben – er wird legal nie hinter dem Steuer eines Autos sitzen. Umgekehrt kann einer die theoretische Prüfung glänzend bestanden haben und trotzdem nicht Auto fahren. Ebenso kommt der Glaube nicht ohne ein bestimmtes Wissen aus: Wer Jesus nur für eine Ikone der Flower-Power-Bewegung und das Neue Testament für eine steuersparende Form des Erbschaftsrechts hält, kommt im Glauben an Gott nicht weit. Aber Informationen allein machen noch keinen Glauben aus. Es kommt vielmehr darauf an, in diesen Informationen eine Bedeutung, einen Wert für mich und mein Leben zu entdecken. Ich kann Jesus aus Nazaret für einen netten, vorbildlichen Mann halten und sämtliche Geschichten aus dem Neuen Testament über ihn auswendig wissen, muss aber darum noch lange nicht an ihn glauben.

Stellen Sie sich vor, Ihr Mann/Ihre Frau flüstert Ihnen eines Tages zärtlich ins Ohr: »Jetzt kenne ich dich gut. Ich weiß sehr viel über dich!« Sie werden Ihren Partner wahrscheinlich völlig verständnislos ansehen. »Ich *glaube* an dich«, dagegen ist ein Satz, der dem Bekenntnis: »Ich liebe dich«, schon sehr nahe kommt und es Ihnen warm ums Herz werden lässt. Das »glauben« in »Ich glaube an dich«, kommt dem Sinne des christlichen Glaubens auf die Spur. Denn dieses Wort bedeutet doch: »Ich traue dir etwas zu. Du bist für mich wichtig. Ich erwarte noch viel von dir.«

Wenn ich sonntags mit vielen anderen zusammen im Gottesdienst bekenne: »Ich glaube an Jesus Christus«, dann meinen wir damit: »Wir trauen diesem Jesus Christus eine Menge zu. Er ist für uns wichtig. Wir erwarten noch viel von ihm.« Der *Wissens*stand derer, die das über Jesus sagen, ist sehr unterschiedlich. Manche Gemeindeglieder sind bibelfester als ich, andere wissen sehr wenig über die Bibel, die einen sind sehr kritisch, andere sind mit allem einverstanden, was sie in der Kirche hören. Entscheidend ist: Neben ihrem – mehr oder weniger großen – Wissen über Gott haben sie eine Beziehung zu ihm aufgebaut. Sie vertrauen ihm. Sie erwarten von ihm Hilfe, Trost und Ermahnung. Sie spüren etwas, wenn sie die Texte aus der Bibel hören, sind betroffen, wenn sie das Gleichnis vom Verlorenen Sohn hören, fühlen sich bei Psalm 23 getröstet oder von den Zehn Geboten in ihrem Gewissen aufgerüttelt.

Manchmal allerdings empfinden sie auch gar nichts, fühlen sich leer und ausgepumpt. Weil glauben nicht wissen ist, gehört der Zweifel wie ein Zwillingsbruder zum anderen auch zum Glauben. Ich zweifle oft. Oft fühle ich Gott nicht. Oft ist mir unverständlich, was er will, was er tut, was er lässt. Aber das ändert nichts an der Tatsache, dass ich an Gott glaube. Viele Menschen meinen, der Glaube schließe Zweifel aus. Sie fühlen sich schlecht, wenn sie nicht an alles glauben, was in der Bibel steht, wenn sie nicht täglich an Gott denken und mit ihm sprechen. Ich denke, dass das unnötig ist. Jesus hat einmal gesagt: »Wenn euer Glaube nur so groß wäre wie ein Senfkorn, kann könntet ihr zu diesem Baum sagen: Reiß dich heraus und wirf dich ins Meer. Und er würde euch gehorchen.« Jesus hat damit nicht unsere Zweifel kritisieren wollen. Im Gegenteil, er sagt ja, dass ein Glaube, klein wie ein Senfkorn, schon eine Menge bewirken kann. Der Glaube muss nicht erst groß und stark wie ein Baum sein. Jesus hat nie eine bestimmte Liste aufgestellt, was man von Gott wissen oder wie sehr man ihm vertrauen muss, bevor man sich selbst als gläubigen Menschen bezeichnen darf. Der Glaube fängt bei »größer Null« an, auch wenn der Rest, wenn 99,9 % aus Zweifeln, Kritik und Unbehagen bestehen.

Glauben heißt vertrauen

In unserer aufgeklärten, angeblich glaubensarmen Welt glauben die Leute mehr, als manchem lieb ist. Ich meine gar nicht die verschiedenen Formen von Aberglauben und Hokuspokus, dem Tausende hinterherlaufen und in den sie Millionen investieren. Ich meine die ganz alltäglichen Dinge. Wissen spielt in unserer Gesellschaft gar nicht die Rolle, die man ihm oft zubilligt. Die Menschen wissen heutzutage Gott sei Dank viel mehr als im Mittelalter. Aber unser Wissen ist immer noch sehr begrenzt. Wir leisten uns ein ganzes Heer von Spezialisten. Nie war die Wissenschaft so verzweigt, und selbst die Besten unter den Nobelpreisträgern überschauen kaum noch die Menge an Wissen, die es heute gibt. Normalsterbliche Menschen wie Sie und ich haben

Mühe, bei diesem Fortschritt mitzukommen und sich zu informieren. Nur in Ausschnitten und sehr begrenzt können wir an dem Wissen teilhaben, das einzelne Fachleute anhäufen. Dieses Wissen könnte uns egal sein, wenn es nur zwischen Buchdeckeln in irgendwelchen Universitätsbibliotheken verstauben würde. Wissenschaftliche Erkenntnisse werden aber umgesetzt und finden technische Anwendungen. Und spätestens da wird das Vertrauen viel wichtiger als das Wissen. Setzen Techniker und Ingenieure das Wissen zu unserem Wohle ein oder ist ihnen die Sicherheit und die Gesundheit der einfachen Leute egal, Hauptsache: die Kasse stimmt? In vielen ethischen Fragen unserer Zeit ist dieses Vertrauen in den letzten Jahrzehnten erschüttert worden. Aber ich will hier gar nicht über Gentechnik und Atomkraft diskutieren. Mir geht es um das Vertrauen im Alltag.

Ich *glaube*, dass eine Brücke nicht zusammenbricht, wenn ich sie befahre. Ich vertraue (blind) darauf, dass die Ingenieure, die sie gebaut haben, keine Verbrecher sind. Ich verlasse mich darauf, dass sie die Brücke nicht so konstruiert haben, dass sie nach zehn Jahren treuen Dienstes plötzlich unter der Last meines Autos zusammenbricht und, weil gerade Feierabendverkehr ist, gleich ein paar Hundert Leute mit in den Tod reißt. Ob die Brücke wirklich hält, kann ich nicht wissen, denn von Statik habe ich keine Ahnung. Selbst wenn mir jemand haarklein vorrechnen würde, dass die Brücke halten wird, ich würde es nicht verstehen, weil ich viel zu wenig von Mathematik verstehe. Ich glaube, d. h., ich vertraue den Statikern und Beamten von der Bauabnahme, dass sie das Bauwerk auch gewissenhaft geprüft haben und nicht mit den »bösen« Ingenieuren unter einer Decke stecken.

Natürlich mache ich mir nicht dauernd solche Gedanken, wenn ich über eine Brücke fahre. Sie auch nicht. Aber wir setzen stillschweigend, eben ohne großes Nachdenken und ohne Wissen unser Vertrauen in die Brücke und ihre Erbauer. Wir tun das aufgrund (guter) Erfahrungen, weil wir alle schon tausend Mal über eine Brücke gefahren sind, ohne dass sie auch nur gewackelt hätte.

Noch wichtiger als bei Brücken ist das Vertrauen unter Menschen. Schon dem mir völlig unbekannten Verkäufer an der Ecke vertraue ich, dass er mir beim Kauf eines Handys ein funktionierendes Gerät zu einem vernünftigen Preis verkauft. Und er vertraut mir, dass ich das Gerät nicht mit Blüten, sondern mit gültigen Euro-Scheinen bezahle. Natürlich hätte ich die Möglichkeit, ein defektes Gerät umzutauschen und mit Blüten würde ich wahrscheinlich nicht lange ungestraft bezahlen können. Aber ohne Vertrauen würde kein Handel, keine Wirtschaft funktionieren. Wenn im Handel der Betrug an der Tagesordnung wäre, würden Angebot und Nachfrage bald einbrechen. Analysten und Aktionäre wissen ein Lied von der Bedeutung des Vertrauens zu singen: Fehlendes Vertrauen in die Zukunft, allein die Angst vor einem Börsencrash kann die Kurse ins Bodenlose sinken lassen, selbst wenn Nachrichten und wirtschaftliche Daten viel Gutes verheißen. Aus neuen medizinischen Forschungen ist bekannt, dass die Heilung eines Patienten auch maßgeblich vom Vertrauen zum Arzt abhängt. Wirkt ein Mediziner seriös und vertrauenswürdig und gibt seinem Patienten das Gefühl, dass er wirklich etwas für ihn tun kann, tritt oft schon eine Besserung ein, bevor noch die eigentliche Therapie begonnen hat.

Am meisten muss ich mich allerdings auf die Menschen verlassen, die tagtäglich mit mir leben, meine Frau, meine Kinder, meine Freunde. Hier hat sich ein besonders enges Verhältnis entwickelt. Mein ganzes Leben ist davon abhängig, dass ich diesen Menschen vertraue bzw. sie mir vertrauen können. Dieses Vertrauen spannt ein unsichtbares Netz auf: Jedes Familienmitglied kann sich darauf verlassen, dass ihm die anderen im Ernstfall helfen, beistehen und ihn trösten. Kinder leben dabei Vertrauen besonders eindrucksvoll vor. Egal, ob sie in der Nacht ein böser Traum quält, sie Streit mit dem Schulkameraden oder Bauchweh haben, sie wenden sich vertrauensvoll an ihre Mutter oder ihren Vater. Aus eigener Erfahrung kann ich sagen, dass das für die Eltern manchmal ganz schön nervtötend sein kann (für meine Frau mehr als für mich, denn »Mama« wird viel häufiger gerufen als »Papa«). Aber eigentlich ist das eine schöne Erfahrung: Ein kleiner Mensch vertraut darauf, dass seine Eltern ihn nicht mit der Schürfwunde am Knie auf der Straße liegen lassen und ungerührt weitergehen. Wir müssen uns gar nicht jeden Tag dieses Vertrauens versichern. Es ist da. Wenn Menschen dieses Vertrauen missbrauchen oder verlieren, kommt es oft zu menschlichen Katastrophen – und Brücken zwischen Menschen stürzen ein oder werden abgebrochen. Wenn Menschen dieses Vertrauen, das Urvertrauen, erst gar nicht erlernen, weil zu Beginn ihres Lebens keiner da ist, der ihr Vertrauen erfüllt und ihnen Vertrauen schenkt, sind lebenslange Einsamkeit und Unsicherheit oft die Folge. Gott sei Dank lernen die meisten Kinder dieses Vertrauen. Statt »vertrauen« könnte man auch sagen: Die Kinder »glauben« an ihre Eltern.

Auf ähnliche Weise glauben Christen an Gott. Sie vertrauen ihm. Sie verlassen sich darauf, dass er sie nicht im Stich lässt. Sie vertrauen sich Gott und seiner Hilfe an. Als Christ wende ich mich Gott zu, ich baue darauf, dass Gott keine fromme Seifenblase ist, die die Spitzen meines Alltags ganz schnell zum Platzen bringen. Ich lasse mich fallen, wie sich ein Kind fallen lässt in den Schutz und die Geborgenheit seiner Eltern. Es ist kein Zufall, dass die Bibel das Verhältnis der Menschen zu Gott oft mit Worten und Bildern aus der Familie beschreibt: Gott wird als »Vater« (eigentlich als »Papa«, im ursprünglichen Text steht eine Koseform) angeredet. Jesus vergleicht ihn im Gleichnis von den beiden Söhnen mit einem gütigen Vater. Im Alten Testament wird gesagt, Gott tröste uns so, wie eine Mutter tröstet. Leider lösen diese Vergleiche nicht bei allen die gleichen positiven Erinnerungen und Gefühle aus Kindertagen aus. Viele haben äußerst schlechte Erfahrungen mit ihren Eltern gemacht. Die Bibel aber geht, um Gott und den Glauben an ihn zu beschreiben, immer wieder von der Erfahrung des Urvertrauens von Kindern aus. Ja, wenn Jesus die Kinder als Vorbilder im Glauben vorstellt, knüpft er direkt an die gute kindliche Erfahrung des Vertrauens auf die Fürsorge der Eltern an.

Glauben heißt staunen

Wann haben Sie zum letzten Mal so richtig gestaunt? Wann haben Sie zum letzten Mal mit offenem Mund dagestanden? »Staunen ist etwas für Kinder, für mich gibt es nichts Ungewöhnliches mehr«, sagen abgeklärte Zeitgenossen. Dass Staunen oft Sache von Kindern ist, sehen sie ganz richtig. Kinder stoßen fast täglich auf Dinge, die ihnen Staunen gebieten. Mit großen Augen und offenem Mund entdecken sie fast täglich etwas Neues und Ungewöhnliches in ihrer Welt, ein kleines Tier in einem Klumpen Erde, einen Luftballon, der unter der Zimmerdecke klebt, weil Papa ihn vorher unbemerkt an seinem Wollpullover gerieben hat, einen Regenbogen über der Stadt. Als Jesus die Kinder zu Vorbildern für die Erwachsenen erklärt hat, hat er bestimmt auch an ihre Fähigkeit gedacht, staunen zu können.

Schade, wenn Erwachsene das Staunen verlernt haben. Wenn sie vorgeben, nichts und niemand könnte sie noch überraschen. Wenn sie meinen, alles zu durchschauen und für alles eine Erklärung zu haben. Schade, wenn die Welt jeden Zauber und jedes Überraschungsmoment verloren hat, wenn alles vorhersagbar und normal ist.

Staunen hat etwas mit Grenzen zu tun. Dort, wo ich an die Grenzen meines Wissens, meiner Erfahrung, meiner Beobachtung gelange, staune ich. Staunen hat etwas mit Grenzüberschreitung zu tun. Wo ich staune, erfahre ich etwas Neues, werden meine Erwartungen übertroffen, fühle ich mich ganz klein. Das Entscheidende am Staunen ist, dass wir etwas wahrnehmen, das nicht mit unseren Alltagserfahrungen übereinstimmt, etwas, das wir eigentlich nicht für möglich halten.

Eine ganze Industrie lebt davon, uns staunen zu lassen; vielleicht auch davon, *den Wunsch* zu befriedigen, staunen zu dürfen, ohne für kindisch und unwissend gehalten zu werden. Zwar ist das meist nur Staunen aus zweiter Hand, Staunen im dunklen Kinosaal und in virtuellen Welten, aber immerhin. Hollywood verdankt seinen Erfolg unserem Wunsch, dem Alltag zu entfliehen, unserer Sehnsucht, Grenzen zu erleben und zu überschreiten, unserer Hoffnung, dass die Welt aus mehr besteht, als wir tagtäglich im Büro, im Haushalt oder in der Schule miterleben. Mit dem Zauberer Gandalf auf einen himmelhohen, düsteren Turm entführt werden, mit dem Raumschiff Enterprise zu sinfonischen Klängen durch unendliche Weiten reisen zu Planeten, die nie ein Mensch zuvor gesehen hat, auf der Titanic die Liebe treffen, die allen Untergängen und Zeiten trotzt – wir brauchen solche Ausflüge in fantastische Welten.

Viele haben aber auch außerhalb des Kinos das Staunen noch nicht ganz verlernt. Wenn sie im Urlaub fern der Lichter der Großstädte unter einem mondlosen Sternenzelt stehen und ihren Blick gar nicht abwenden können von den Abertausenden Sternen, dann staunen sie, denn sie haben plötzlich das Gefühl, unendlich klein zu sein angesichts der unzähligen Welten, die vielleicht längst vergangen sind und deren Licht dennoch wie kleine Diamanten am Himmel funkelt.

Manche staunen, wenn sie von unglaublichen Leistungen hören und sie sehen. Dass Shows wie »Wetten, dass …« oder die »Guinness-Rekord-Show« so hohe Einschaltquoten erzielen, hat mit dem Wunsch der Zuschauer zu tun, staunen zu können. Ob jemand eine Wärmflasche aufbläst, die Namen aller Päpste in der richtigen Reihenfolge aufsagen kann oder in einer Minute hundert Billardkugeln einlocht – immer sind es Extreme, die reizen: Da kann jemand etwas, was kein anderer – und ich schon gar nicht – kann.

Viele staunen auch über neue Erkenntnisse und Entdeckungen der Wissenschaft. Wissen Sie, was für mich das tollste Ergebnis des Human Genom-Projekts war? Nicht die vielen Buchstaben der Kernsäuren der Erbinformation DNA, nicht das »Alphabet des Lebens«, das da zusammengestellt wurde – eine tolle Leistung übrigens und hochinteressant. Das beste Ergebnis war, dass man am Ende des Projekts weniger wusste als vorher! Man hat zwar eine Menge neuen Wissens angehäuft, dieses Wissen aber führt dazu, dass man sich noch mehr, noch schwierigere Fragen stellt. Dass man dem Geheimnis des Lebens zwar auf die Spur gekommen ist, dass man aber statt der erhofften hundert Kilometer bestenfalls die ersten Meter auf dieser Spur zurückgelegt hat, das fand ich am erstaunlichsten. Viele große Wissenschaftler wie Albert Einstein oder Werner Heisenberg, Leute also, die viel wussten, haben das Staunen nie verlernt. Je tiefer sie in die Geheimnisse der Natur eingedrungen sind, desto demütiger und staunender standen sie ihnen gegenüber. Wissen soll uns also nicht vom Staunen abbringen, sondern im Gegenteil, es uns wieder lehren.

Staunen lernen viele Menschen auch wieder bei einer anderen Grenzerfahrung: wenn ein Mensch entsteht, wächst und geboren wird. Sie staunen, gerade wenn sie sich wissenschaftlich genau über die Vorgänge informiert haben. Jeder, der wie ich das Glück hatte, das Heranwachsen eines kleinen Menschen mitzuerleben, hat dieses Staunen erlebt. Alle Vorbereitung, alles Wissen um die biologischen Vorgänge haben dieses unbeschreibliche Gefühl des Staunens nicht verhindern können.

Das Entscheidende am Staunen ist, dass wir etwas wahrnehmen, das nicht mit unseren Alltagserfahrungen übereinstimmt, etwas, das wir eigentlich nicht für möglich halten.

Glauben hat sehr viel mit staunen zu tun. Denn Gott tut in der Regel Dinge, die ebenfalls nicht mit unseren Alltagserfahrungen übereinstimmen, die wir eigentlich nicht für möglich halten. Die Menschen in der Bibel erleben allerlei Wunder, die wir heute für unglaublich halten. Wir gehen davon uns, dass sie nicht so geschehen sein können. In der Bibel steht meist nach Wundern: »Und sie staunten …« Die Frage, ob das geht, was da passiert, ist für die Bibel gleichgültig. Die Frage, ob Jesus nun tatsächlich über einen See marschiert ist oder für 5000 Menschen aus nur fünf Broten und zwei Fischen einen leckeren Imbiss zubereitet hat, ist eigentlich zweitrangig. Die Bibel will sagen, dass in der Umgebung dieses Jesus aus Nazaret Dinge passieren, die aller menschlichen Erfahrung widersprechen, die keiner für möglich hielt, die uns staunen lassen. Wir müssen dabei nicht unseren Verstand abschalten und alles vergessen, was wir mühsam im Physikunterricht gelernt haben, aber wir sollen offen sein für das, was Gott in unserem Alltag tut – die kleinen Wunder. Und da kommt man aus dem Staunen nicht heraus: Eine Frau, die ihren Mann an den Krebs verloren hat, schöpft neuen Mut und neue Kraft; ein völlig verschlossener Mensch beginnt, sich anderen zuzuwenden, mit anderen zu sprechen, zuzuhören; ein Geizkragen, der nur auf den eigenen Profit aus war, wird freigebig und fürsorgend; eine Kirche, in der es gewaltig menschelt, bietet den Schwachen und Ratlosen, aber auch den ganz normalen Durchschnittsmenschen Heimat und Wärme; eine Beziehung, die tot war, lebt neu auf.

Bei näherem Hinsehen sind dies alles Wunder, denn den Normalfall stellen sie nicht dar.

Glauben heißt handeln

»Christen benehmen sich auch nicht anders als andere, sie hinterziehen Steuern, lügen am Telefon und drängeln auf der Autobahn.« Leider treffen diese Urteile häufig zu. Die Bibel betont immer, dass die Einstellung Folgen für unser Tun hat. Überhaupt ist es von der Bibel her ganz unmöglich, zwischen Gesinnung und Handeln zu unterscheiden. Für das Alte Testament ist es ganz selbstverständlich, dass ein Mensch, der Gott vertraut, auch nach seinen Geboten handelt. Deshalb sind die Gebote im Alten Testament auch keine lebensfeindlichen, harten Gesetze, die jeden Spaß am Leben ersticken. Vielmehr beschreiben die Gebote, wie sich der Glaube an Gott praktisch auswirkt. So beginnen die Zehn Gebote mit einer Selbstvorstellung Gottes: »Ich bin der Herr, dein Gott, der dich aus Ägypten, aus der Sklaverei, herausgeführt hat ...« Die Zehn Gebote beschreiben also, wie sich Menschen verhalten, die diesem befreienden Gott folgen. Im Neuen Testament vergleicht Jesus das Handeln der Menschen mit einem Obstbaum: Ein guter Baum bringt gute Früchte. Er muss sich dazu nicht erst zusammennehmen, sich nicht aufraffen und furchtbar anstrengen. Es ist einfach so.

Doch ganz so einfach, wie Jesus das beschrieben hat, ist es in der Praxis natürlich nicht. In der Kirche schwankt man leider oft zwischen zwei Extremen: Entweder gefällt man sich als gutgewachsener Laubbaum, der aber keine Früchte trägt, oder man greift gerne zur Säge, wenn der Baum nicht mindestens zwei Zentner bestes Obst bringt. Anders gesagt: Entweder lässt man den Glauben zur reinen Gesinnung verkommen und tut so, als sei alles erlaubt, oder man ist gnadenlos moralisch und macht den Leuten ein schlechtes Gewissen. Zum Beispiel wird von der einen Kanzel gepredigt: »Kümmert euch nicht um das Klima, als Einzelne könnt ihr sowieso nichts gegen die Klimaveränderung unternehmen.« Von der anderen heißt es dagegen: »Wer im Airbus in den Urlaub jettet, vergreift sich an Gottes Schöpfung und ist kein guter Christ.« Die eine Haltung ist verantwortungslos, die zweite gesetzlich. Beide lassen die Menschen letztlich in ihrer Ohnmacht und Hilflosigkeit allein. Beide stellen die Frage in den Mittelpunkt, was ein Mensch tun soll – oder nicht, ohne zu fragen, wer dieser Mensch eigentlich ist und nach welchen Maßstäben er die Probleme um sich herum betrachtet. Glauben hat immer Konsequenzen im Verhalten. Denn glaubende Menschen versuchen, die Welt mit Gottes Augen zu sehen.

Die Bibel präsentiert immer wieder ein Kontrastprogramm: Die Propheten kritisieren soziales Unrecht und politische Kurzsichtigkeit und mahnen eine Verbesserung der Verhältnisse an. Immer wieder tauchen Bilder von einer wunderbaren Zukunft Gottes auf, voller Fantasie und Hoffnung. Allen gemeinsam ist der Kontrast zur Welt, wie sie ist. In ihr ist längst nicht alles so, wie es sein sollte. Dabei ist die Sehnsucht, die Hoffnung auf eine bessere, gerechtere Welt, kein stilles Herumsitzen. Sie setzt Menschen in Bewegung. Glaube hat immer praktische Konsequenzen, aber *welche* er hat, ist durchaus umstritten und steht nicht ein für alle Mal fest. Dass viele Kritiker ein klares Wort der Kirche in moralischen Fragen vermissen, liegt auch daran, dass es je nach Situation verschiedene Antworten auf solche Fragen geben kann. Die Liebe sperrt sich dagegen, ein für alle Mal ein bestimmtes Verhalten als richtig, ein anderes als falsch zu erkennen. Entscheidend ist, in der jeweiligen Situation mit anderen zusammen verantwortlich zu handeln und nicht angesichts der Mehrdeutigkeit einer Situation, bei allem Für und Wider untätig zu bleiben.

Zu verschiedenen Zeiten hat der Glaube zu unterschiedlichen Verhaltensmustern geführt. Die Schlussfolgerungen aus dem Glauben sind zeitgebunden. Es kam auch immer auf die Erfordernisse der Gesellschaft und die Möglichkeiten der Handelnden an. So ist etwa der Apostel Paulus nicht auf die Idee gekommen, als Christ die Sklaverei abzuschaffen. Er hat aber darum geworben, dass die Herren menschlich und verantwortungsvoll mit ihren Sklaven umgehen und die Sklaven ihren Herren gehorsam sein sollten. Er hat sogar einen eigenen Brief geschrieben, in dem er den Besitzer eines entlaufenen Sklaven, der sich zum Christentum bekehrt hatte, auffordert, diesen wieder aufzunehmen und von der ihm zustehenden Bestrafung abzusehen. Später, im 18. und 19. Jahrhundert, haben Kirchen erfolgreich gegen die Sklaverei gekämpft. Heute tun Christen gut daran, sich gegen jede Form von Ausbeutung und Profitgier auszusprechen. Wer hatte nun Recht? Paulus? Oder die Vorkämpfer für die Abschaffung der Sklaverei vor zweihundert Jahren? Oder die Gruppen, die sich heute für faire Preise zugunsten der Landarbeiter in Entwicklungsländern einsetzen? Ihr gemeinsamer Glaube hat sie zu unterschiedlichen Stellungnahmen geführt und doch hatten sie alle Recht: Sie alle haben sich eingesetzt, sie alle haben aus ihrem Glauben Konsequenzen gezogen. Entscheidend war, dass sie nicht bei dem stehen geblieben sind, was »man« tut, sondern ihre Welt ein Stück besser gemacht haben.

Übrigens waren zu den jeweiligen Zeiten keineswegs alle Christen ihrer Meinung. Welche Konsequenzen aus dem Glauben zu ziehen sind, was als Erstes zu tun ist, darüber gibt es in den Gemeinden oft heftige Diskussionen. Und das ist gut so.

Gläubige Menschen sind – zumindest aus evangelischer Sicht – allein ihrem Gewissen und der Bibel verantwortlich. Sie vergleichen ihre Umgebung, ihr eigenes Verhalten, aber auch gesellschaftliche Verhältnisse mit dem, was die Bibel erzählt. Nicht eins zu eins, denn dazu haben sich die Zeiten zu sehr geändert seit Adam, David oder Jesus. Aber die Bibel schärft ihr Urteilsvermögen, was Gott von uns Menschen will und was er mit der Welt noch vorhat. Dass das eigene Verhalten und das anderer damit nicht übereinstimmt, nehmen sie nicht einfach hin. Sie gehen den Gründen für Unrecht, Gewalt und Missgunst auf den Grund. Sie sprechen über biblische Texte und darüber, was aus ihnen für die heutige Situation abzuleiten ist. Dabei kommt man selten in der Kirche zu einem einhelligen Ergebnis. Ein mündiger Glaube scheut gleichwohl die Diskussionen nicht. Diskussionen sind immer ein Zeichen dafür, dass sich Menschen mit den bestehenden Verhältnissen nicht zufrieden geben. Diskussionen sind ein Zeichen dafür, dass sich Menschen um eine Umsetzung der biblischen Botschaft in ihre jeweilige Situation bemühen.

Gläubige Menschen nehmen Verantwortung wahr und geben sie nicht einfach an Gott ab. »Der liebe Gott wird's schon richten!« Dieser Satz ist ein ungläubiger Satz. Glauben heißt, ein geschärftes Verantwortungsbewusstsein zu haben, die Notwendigkeit von Veränderungen zu sehen und sich für sie einzusetzen. Dieser Einsatz gewinnt dadurch Kraft, dass er auf eine Welt abzielt, wie Gott sie plant. Dieser Einsatz beginnt in der Regel mit selbstkritischen Fragen an das eigene Verhalten, mit Überzeugungsarbeit und mit dem Gespräch. Er mündet, wenn es gelingt, in konkreten Taten, in einer konkreten Verhaltensänderung bei sich selbst und anderen. Dieser Prozess ist ein wichtiger Aspekt des Glaubens.

Glauben erfordert Entscheidungen

»Der christliche Glaube ist mir zu eng. Da wird mir etwas übergestülpt. Ich habe meinen eigenen Glauben: An Nächstenliebe, an die Schöpfung und eine tiefere Gerechtigkeit glaube ich auch, aber an den Heiligen Geist oder gar an die Kirche? Das sagt mir nichts.« Vielleicht kennen Sie solche Sätze, oder Sie haben sie schon selbst auf den Lippen gehabt. Auch in diesen Sätzen liegt eine gewisse Wahrheit. Der christliche Glaube ist keine Zwangsveranstaltung, bei der man alles kritiklos schlucken muss. Glaube ist keine Ideologie, die bedingungslosen Gehorsam verlangt. Und sicher hat jede und jeder, der sich für gläubig hält, seine Kritik und seine Zweifel. Einen vollkommen überzeugten Christen, der jedem Glaubenssatz ohne Fragen und Kritik zustimmt, sucht man sicherlich vergeblich.

Dennoch ist der christliche Glaube kein Selbstbedienungsladen, kein weltanschaulicher Supermarkt, bei dem ich mir holen kann, was ich gerade brauche: eine Packung Welterklärung für die Nacht unter dem Sternenhimmel im Urlaub, ein Bündel Trost und Selbstbestätigung in der Midlife-Krise, eine Dose Esoterik und Meditation, wenn mir das Leben zu oberflächlich und materialistisch geworden ist, einen Satz Normen und Werte für die Erziehung der Kinder. Glauben heißt auch: sich entscheiden. Und dabei entscheide ich mich auch für Dinge, die Fragen und Zweifel hinterlassen. Dass eine zweitausend Jahre alte Religion, die von weit über einer Milliarde Menschen ausgeübt wird, hundertprozentig meinen Geschmack und meine Überzeugungen trifft, ist eher unwahrscheinlich.

Auch hier lässt sich der Glaube mit einer Liebesbeziehung vergleichen: Jemand lernt seinen späteren Lebenspartner kennen und lieben. Irgendwann kommt der Wunsch auf, sein Leben mit ihr bzw. ihm zu teilen, zu heiraten. Dazu müssen beide eine klare Entscheidung treffen. Eine Entscheidung mit vielen Unbekannten. Natürlich kennen sich zwei Menschen in aller Regel, wenn sie heiraten, aber sie wissen kaum jedes Detail von einander. Es besteht keinerlei Sicherheit darüber, wie sie sich entwickeln werden. Gleichwohl besiegeln sie auf dem Standesamt ihre Entscheidung mit ihren Unterschriften. Sie haben diese Entscheidung getroffen und sind (hoffentlich) auch nach Jahren noch froh darüber, auch wenn sie sehr gut ihre Schwächen und Fehler, manchen Zweifel und Konflikt kennen. Der Standesbeamte würde sicher blöd gucken, wenn die beiden ihr Ja zueinander an Bedingungen knüpfen würden: »Ja, ich heirate ihn, wenn er dies und das nicht mehr tut und sich verpflichtet, bis dann und dann …«

Eine Ehe lässt für die Zukunft viel Spielraum zur gemeinsamen und individuellen Entwicklung. Im Idealfall wachsen zwei Menschen zusammen, statt zusammenzuwachsen. Dennoch steht am Beginn eine Entscheidung. Eine Entscheidung, die alle anderen Partner auf Lebenszeit ausschließt. Ein Mann, der eine Frau heiratet, verpflichtet sich dazu, keine andere Partnerin zu wählen. Er dokumentiert mit der Heirat, dass er sie mit allen Stärken und Qualitäten und den – aus seiner Sicht sicherlich sehr viel wenigeren – Schwächen und Fehlern liebt.

So ist es mit dem Glauben auch. An den Gott der Bibel zu glauben, ihm zu vertrauen, über seine kleinen und großen Wunder zu staunen, schließt einen anderen Glauben aus. Und die Entscheidung, an Gott zu glauben, muss ein Mensch – anders als die, seinen Partner zu heiraten, immer wieder neu treffen.

Die Entscheidung zu glauben, ist keine Hopp- oder Topp-Entscheidung. Martin Luther hat völlig zu Recht geschrieben, ein Christ sei immer im Werden. Man »sei« eigentlich kein Christ (oder gläubig), man werde es höchstens. An Gott zu glauben ist eine Entscheidung, die mir täglich, um nicht zu sagen: in jeder Situation, neu abverlangt wird. Vielleicht nicht bewusst. In all meinen Taten, in jedem Urteil zu einer gesellschaftlichen Frage, in meiner Selbsteinschätzung, was ich mir wert bin, antworte ich unterschwellig auf die Frage: »Glaubst du an Gott?« Meine Handlungen, Antworten und Einstellungen legen wortlos Zeugnis von dieser Entscheidung ab. Und ich muss zu meiner Schande gestehen, dass ich viel zu oft ungläubig rede, handle, denke, nicht in dem Sinne, dass ich dann nicht Gott im Munde führte, sondern, dass meine Worte, Gedanken und Taten nicht mit Gottes Macht und Liebe rechnen. – Ich halte also ziemlich wenig vom Bekehrungschristentum. Ad-hoc-Bekehrungen, die man sogar genau datieren und lokalisieren kann, »produzieren« meiner Einschätzung nach nicht mehr christlichen Glauben als eine lebenslange Auseinandersetzung mit Gott, alle Ups und Downs, Krisen und euphorische Phasen inklusive.

Man könnte den christlichen Glauben auch mit einem Rahmen vergleichen. In ihn passt nicht alles hinein, was wir gerne in ihn einzeichnen wollen. Dieser Rahmen ist uns gesetzt, Gott sei Dank nicht durch einen Papst oder ein Dogma. Der Rahmen ist im Laufe von Jahrhunderten durch das Leben vieler Menschen gezimmert, erweitert, befestigt und verziert worden. Die Geschichten der Menschen der Bibel und die vielen Fortsetzungsgeschichten bilden diesen Rahmen. Dieser Rahmen entscheidet, welche unserer Erfahrungen als Glaubenserfahrungen in ihn hineinpassen und welche nicht. Wir vergleichen unsere Einsichten und Erlebnisse mit denen der Bibel und der Menschen, die mit ihr leb(t)en. Nicht alles, was ein Mensch für eine religiöse Erfahrung, gar für eine Begegnung mit Gott hält, passt in diesen christlichen Glaubensrahmen. Unter einem Baum wie Buddha eine Erleuchtung zu haben ist sicherlich eine gute Erfahrung. Sie ist aber nicht Teil des christlichen Glaubens. Dieses »Bild« passt nicht in den vorgegebenen »Rahmen«. Dennoch ist es meine Aufgabe, mein eigenes Glaubensbild zu malen. Ich kann auf Dauer nicht nur von uralten Traditionen und den guten Erfahrungen längst verstorbener Menschen leben. Ich muss, wenn ich glauben will, meine eigenen Entdeckungen machen, meine eigene Glaubenspraxis entwickeln, meine eigenen Ausdrucksformen finden.

2. Warum der Glaube glücklich macht

Dass Gott glücklich machen soll wie Schokolade, ja, noch mehr als sie, wird nicht jedem sofort einleuchten. Die gegenteilige Meinung wird mehr Anhänger finden: »Keiner kann mir sagen, warum ich eigentlich glauben soll. Was bringt mir das ein?« Ich halte das für eine berechtigte und grundlegende Frage.

In der Tat, wenn wir nach einem Gottesdienst eine Umfrage unter seinen Besucherinnen und Besuchern machen würden, was es ihnen denn bringe zu glauben – mit Sicherheit würden wir viele Befragte in große Verlegenheit stürzen und so manches »Öhm …« und »Hm …« hören. Die vermutete Verlegenheit der Gottesdienstbesucher auf diese Frage hat ihre Ursache aber nicht darin, dass sie nicht wirklich eine Antwort darauf hätten. Christen sind es bloß nicht gewohnt, so gefragt zu werden, oder sich selbst danach zu fragen, was ihnen ihr Glaube bringt. Der Glaube an Gott, so meinen viele, sollte möglichst etwas Zweckfreies, Erhabenes sein. »An Gott glaube ich, weil Gott Gott ist.« – Also einfach so, grundlos, sinnlos!? Warum dann nicht an UFOs glauben – einfach so, grundlos, sinnlos?! »An Gott glaube ich, weil Gott es so verlangt!« – Also aus Gehorsam, weil Gott es so will?! Aber dann ist Glauben eine reine Zwangsveranstaltung, die obendrein bei den wenigsten greift!

Ein Grund, weswegen meines Erachtens der christliche Glaube – zu Unrecht – heute eine so untergeordnete Rolle spielt und bei so vielen als Haltung Ewiggestriger gilt, besteht darin, dass Christen nicht klar und deutlich sagen können, welche Vorteile sie aus ihrem Glauben ziehen. Warum sollte sich ein vernünftiger Mensch für den Glauben an Gott interessieren, wenn er völlig zweckfrei ist, keine Vorteile bietet, oder schlimmer: nur mit Einschränkungen und Nachteilen verbunden ist?

Auch die Kirchen treten heute viel zu vorsichtig auf, wenn es darum geht, die Vorteile des Glaubens deutlich zu machen. Marketing fürs Evangelium? PR für die Gute Nachricht? »Neumodische Methoden, die nichts bringen und nur Geld kosten«, heißt es oft unter Bischöfen und in Kirchenleitungen. Natürlich lässt sich über den Sinn und die Qualität mancher Plakataktion der Kirche streiten, aber im Kern haben die kirchlichen Werbestrategen etwas ganz Entscheidendes erkannt: Dass christlicher Glaube gut ist, hilfreich, heilend, dass es einem etwas bringt, an Gott zu glauben, muss den Leuten deutlich gesagt und erklärt werden. Ein neuer Computer kann noch so gut und sein Geld wert sein – solange ich diese Tatsachen geheim halte oder denke, der Computer spräche für sich, werde ich keinen müden Rechner an den Mann oder die Frau bringen.

Wir müssen wieder mehr davon sprechen, welche guten Erfahrungen wir mit dem Glauben an Gott machen. Wir brauchen vielleicht keinen Werbefeldzug für unsere Kirche, wir müssen den Kollegen, den Nachbarn oder die Mitschülerin auch nicht gleich von unserem Glauben überzeugen und dafür sorgen, dass er oder sie nach einem einstündigen Gespräch »Halleluja« oder »Jesus lebt!« ruft. Wir sollten nur viel unverkrampfter und ohne Angst vor Kritik davon erzählen, wie gut es tut, an Gott zu glauben, dass dieser Glaube das eigene Leben wirklich glücklich machen kann. In der Bibel wird der Glaube mit dem altmodischen Wort »Heil« verbunden. Im Glauben wird ganz, was unvollständig war, wird gesund, was krank war, wird neu, was überholt war.

Das ist doch im Alltag ganz genauso: »Warum spielen Sie Tennis?«, frage ich meinen Nachbarn – ich spiele selbst nicht Tennis – und er berichtet mir, dass es wahnsinnig Spaß mache, es für seine Gesundheit förderlich sei und er nebenbei mit seinem Tennispartner einen guten Freund gewonnen habe. Er kann mir auf der Stelle drei gute Gründe nennen und fürchtet nicht, ich hielte Tennis für eine Modeerscheinung, ein stupides Hin und Her, das mir nur einen Tennisarm einbringt und sowieso zu viel Geld kostet.

»Warum isst du so gerne beim Italiener?«, frage ich meinen Schüler und es sprudelt nur so: Das Essen sei lecker und gesund, verglichen mit Sushi bekäme man für sein Geld viel mehr zu essen und außerdem ließe »sein« Italiener ihn schon mal von seinen neuen Tiramisú-Kreationen gratis probieren. Er erzählt begeistert, ohne sich gegen meine möglichen Gegenargumente zu wappnen, dass italienische Küche zu fettig, Pasta ihr Geld nicht wert und italienischer Weißwein gepanscht sei. (Alle drei Argumente sind nachweislich falsch.)

»Warum glauben Sie an Gott?«, fragt einer und der Gefragte stottert etwas von Gehorsam, Gnade und

Schöpfung oder, schlimmer noch: schweigt verlegen aus Angst, sein Gesprächspartner könnte gleich zum Angriff übergehen und die bekannten Totschlagargumente »Leid in der Welt«, »Evolution« und »Projektion« einbringen. (Das *sind* natürlich Themen, auf die Antworten schwer fallen. Aber wer sagt, dass diese Themen immer sofort kommen?) Viele Menschen sind ganz ehrlich am Glauben interessiert und haben es verdient, gleich zu Anfang von den Vorzügen dieses Glaubens zu hören. Mit diesem Glauben, so meine Überzeugung und Erfahrung, lebe ich besser als ohne ihn. An Gott glauben ist wie Schokolade essen, nur dauerhafter und ohne die schädlichen Nebenwirkungen.

Der Glaube an Gott bietet Vorteile im Leben; er macht glücklich. Das könnte man jedoch in doppelter Weise missverstehen:

Erstens hat der Glaube nicht diese Vorzüge, *weil* ich mich für sie entschieden habe. Gott schenkt mir diese Vorteile – und möglicherweise auch denen, die nicht oder anders glauben. Es ist ein fatales Missverständnis zu meinen, der Glaube sei deshalb so gut und heilsam, weil Gott die Gläubigen für ihre Glaubensentscheidung belohne. Tennis macht – richtig gespielt – viel Spaß und ist gut für die Fitness, weil es so ist, und nicht, weil ich die Mitgliedskarte beim Tennisclub unterschrieben habe. Der Italiener um die Ecke erfreut den Gaumen, auch wenn ich beim Chinesen esse. Er kocht nicht deshalb so gut, weil ich 50 Euro bei ihm lasse.

Zweitens heißt »Vorteile aus dem Glauben ziehen« nicht, dass ich als gläubiger Mensch ein sorgen- und knitterfreies Leben führe. Ich habe wahrscheinlich ebenso viele oder so wenige Sorgen und Probleme wie andere. Die Vorteile aus dem Glauben schlagen sich auch nicht auf meinem Konto nieder. Es gibt Christen, die wirklich viele Sorgen haben und trotzdem glauben, die arbeitslos sind, hungern oder verfolgt werden. Gott verspricht keinem ein Leben ohne Ach und Weh. Aber er verspricht, dass wir auch schwierige Lebenssituationen mit ihm besser bewältigen können. Ich bin überzeugt, dass der Glaube hilft, Probleme zu lösen. Er nährt die Sehnsucht, diese Welt (uns eingeschlossen) zu verbessern. Der Glaube schenkt die Gelassenheit, Dinge so zu lassen, wie sie sind, wenn wir sie nicht ändern können.

Anleitung zum Glücklichsein – oder: Kein Glaube ohne Vorbilder

Wenn jemand erfährt, dass ich Pfarrerssohn und selbst Pfarrer bin, könnte er sagen: »Sie können ja gar nicht anders, als an Gott zu glauben. Sie sind doch bestimmt in der Kirche groß geworden.« Es stimmt, ich bin Pfarrerskind, also einer von der Sorte, die sprichwörtlich neben den Nachkommen von Müllern selten oder nie gerät. Bevor der Vater meines Vaters etwas »Ordentliches«, nämlich Arzt, wurde, war immerhin dessen Vater auch Pfarrer. Mich würde es also nicht wundern, wenn die Genetiker einmal ein Theolo-Gen finden.

Ich bin in der Tat in der Kirche, besser gesagt: in einer Gemeinde groß geworden. Das heißt aber nicht, dass ich mich da immer nur wohl gefühlt habe. Es gibt wohl kaum einen Beruf, in dem das Privat- und Familienleben so sehr von der Tätigkeit des Vaters (oder der Mutter) bestimmt wird, wie den Pfarrberuf. Heutzutage hat ein Pfarrer tatsächlich einen freien Tag, den er der Familie widmen kann – bis vor wenigen Jahren hatte sich Gottes Angebot, doch einen Tag in der Woche freizumachen, nicht bis zu seinem Bodenpersonal herumgesprochen.

Den Glauben von Kindheit an mitzuerleben ist dennoch keine Garantie dafür, dass man selbst auch glaubt. Kirchennahe Eltern leiden im Gegenteil oft darunter, dass sich ihre Kinder von der Kirche abwenden, und diese Kinder sind froh, wenn sie ihre Eltern nicht mehr zur Kirche begleiten müssen. Es gibt immer Punkte in unserer Erziehung, die wir mit Freuden nachahmen und weiterführen, und solche, die wir, sobald wir außer Haus sind, abstreifen. Und das ist gut so. Insgesamt bin ich für meine Erziehung im Glauben aber dankbar. Dass es Gott gibt, dass er mir hilft, war für mich als Kind nie eine Frage. (Es ist für mich später, als Erwachsener, natürlich fraglich geworden.) *Natürlich* hat mich meine christliche Erziehung tief geprägt. Ich habe mich aber auch nicht selten in der Kirche gelangweilt, weshalb ich heute von keinem Kind verlange, dass es stundenlang in der Kirche still sitzt – eine Gemeinde, die keinen Kindergottesdienst oder keine Kinderbetreuung während des Gottesdienstes der Erwachsenen organisiert, hat kein Recht, von Kindern stundenlange Andacht zu verlangen. Und trotzdem habe ich die Gemeinde, die Gemeinschaft der Menschen dort, immer als eine Heimat empfunden. Hera Lind (die Autorin von »Ein Mann für jede Tonart«) hat einmal geschrieben, die Gemeinde am Sonntag sei für sie immer so etwas wie ein »Ruhekissen für die Seele« gewesen. Das kann ich gut nachempfinden. Ich habe mich trotz aller Traditionen, trotz aller Menscheleien in der Gemeinde immer wohl gefühlt, übrigens unabhängig von der Konfession.

»Glück gehabt«, könnte nun jemand einwenden. »Aber ich habe es genau umgekehrt erlebt: harte Bänke, Schläge, unsinnige Beichte, unverständliche Worte und kein Verständnis für Kinder.« Nun, ob in der Kirche groß geworden oder frühzeitig von ihr klein gemacht: Wir sind keine reinen Produkte unserer Erziehung, weder im Guten noch im Bösen. Unsere Eltern und die, die während unserer Kindheit sonst noch Einfluss auf uns ausüben, können uns nicht programmieren wie Computer. Annahme und Ablehnung unserer Erziehung, die kritische Nachfrage an und die Versöhnung mit unseren Eltern bleibt aber eine lebenslange Aufgabe. Erlebtes zu idealisieren bringt uns ebenso wenig weiter wie negative Erlebnisse mit einer Mauer aus Unmut, Verbitterung und Wut zu umgeben. Ich kenne Menschen, die ihren Glauben gerade durch die kritische Auseinandersetzung mit ihrer engen christlichen Erziehung gefunden haben.

»Christliche Erziehung« ist selten eine ideologische Gehirnwäsche. Ich denke, sie ist grundsätzlich gut und wichtig. Ich bin nicht dafür, dass schon kleine Kinder seitenweise Bibelsprüche und Lieder auswendig lernen und jeden Sonntag brav in den Kindergottesdienst gehen müssen, auch wenn sie gerade an diesem Sonntag in ihrer Fußballmannschaft gebraucht werden. Aber dass Kinder von klein an von Gott hören, dass man ihre Fragen nach Gott ernst nimmt (und Kinder können einen da ganz schön in Verlegenheit bringen), dass man ihnen Geschichten aus der Bibel erzählt und sie die Geborgenheit einer Gemeinde spüren lässt, das tut einem Kind meiner Erfahrung nach gut. Ich erlebe an meinen eigenen Kindern, wie ihnen diese Geschichten Freude machen und ihre Fantasie anregen.

Einem Kind von Gott zu erzählen, ihm Lieder beizubringen, legt ein Kind auch nicht ein für alle Mal fest. »Ich will mein Kind nicht beeinflussen; es soll später mal selbst entscheiden«, damit erklären viele ihren Verzicht auf jede christliche Erziehung. Der Schuss geht meist nach hinten los. Denn wie will ich mich für oder gegen etwas entscheiden, das ich nicht kenne? Das kommt mir fast so vor, als verzichteten Eltern darauf, ihr Kind einzuschulen. »Mein Kind soll später selbst entscheiden, ob es lesen will oder nicht, also: Was sollen die blöden Buchstaben!« Keiner argumentiert so.

Beim Glauben geht es dabei um ein noch viel fundamentaleres Lernen. Einem Kind von Gott zu erzählen, ihm Glauben vorzuleben, vermittelt ihm, dass es mehr auf der Welt gibt als Mac Donald's und Power Rangers. Nichts gegen Mac Donald's, es gibt kaum ein Restaurant, wo Sie als Eltern mit Kindern so entspannt essen können. Bei Mac Donald's sind Kinder – im Unterschied zu vielen Kirchen – willkommen. Aber ein Kind sollte früh erleben und empfinden, dass es in einer tieferen Wirklichkeit geborgen ist. Dass es einen gibt, der über alles Angstmachende, Traurige und Alltägliche hinweg Sicherheit schafft. Eine Sicherheit, die selbst die Eltern nicht bieten können. Ein Kind sollte erleben, dass sich auch die Eltern in dieser Wirklichkeit geborgen fühlen.

»Was aber sollen diejenigen machen, die all das in ihrer Kindheit nicht erlebt haben? Haben sie überhaupt eine Chance, zu glauben?« Ich denke, ja. Das Entscheidende am Glauben ist, dass ihn einer vormacht. Wer, ist egal, Hauptsache: sie oder er ist glaubwürdig. Es können die Eltern sein oder eine funktionierende, lebendige Gemeinde. Es kann aber auch die Ehefrau sein, ein Freund, ein Mitspieler in der Fußballmannschaft, eine Kollegin am Arbeitsplatz oder ein Nachbar. Die Vorbilder im Glauben sind meistens umso überzeugender, je normaler sie sind. Albert Schweitzer oder Martin Luther King sind sicher herausragende Vorbilder im Glauben. Die katholische Kirche hat ein ganzes Register von Heiligen, die als Vorbilder dienen. Aber ihnen allen gemeinsam ist, dass sie ein ganz anderes Leben gelebt haben als Sie und ich. Sie hatten ganz andere Sorgen und Nöte, ganz andere Möglichkeiten und Projekte. Deshalb sind die besten Vorbilder im Glauben diejenigen Menschen, die ihn mir in ihrem, in meinem Alltag vorleben. Solches Vorleben ist manchmal ganz unscheinbar. Eine Gelassenheit, die neugierig macht. Ein tiefes Gespräch in der Mittagspause. Das überraschende Angebot von Hilfe. Das sind Gelegenheiten nachzufragen, nachzuahmen. Kein Mensch glaubt, ohne dass er nicht bei einem anderen erlebt hätte, wie das geht. Glauben kann man nicht aus einem schlauen Buch lernen. Es kann vielleicht Anstöße geben (so, wie hoffentlich das Buch, das sie gerade in den Händen halten), aber grundsätzlich kommt Glauben nicht ohne Vorbilder aus. Sie können auch nicht Klavierspielen lernen, wenn Sie keinen Lehrer haben. Die Noten haben Sie vielleicht schon vorher gekannt und ordnen Sie leicht den entsprechenden schwarzen und weißen Tasten zu. Aber Sie brauchen jemanden, der Ihnen zeigt, wie man die Finger auf die Tasten setzt, der Ihnen das Gefühl beim Anschlag vermittelt usw.

Glücklich wird man nicht allein – oder: Von der Notwendigkeit einer (Glaubens-)Gemeinschaft

»Ich kann auch allein glauben. Was brauche ich da die Kirche?« In diesem Satz ist »Glauben« reine Weltanschauung, reines Für-wahr-Halten. Und das geht in der Tat allein. Jesus für ein überzeugendes Beispiel für Menschlichkeit und Gewaltlosigkeit halten, ein höheres Wesen für existent halten, an ein Leben nach dem Tode glauben, das alles kann ich auch allein. Aber an Gott glauben im Vollsinn des Wortes kann man nur mit anderen und aufgrund anderer. Wir brauchen zum Glauben Vorbilder. Das gilt aber nicht nur für den Anfang des Glaubens, sondern erst recht für das Durchhalten, das Weiterglauben. Ein Mensch ist nicht nur auf jemanden angewiesen, der ihm den Glauben vorlebt, sondern auch auf andere, die seinen Glauben in Frage stellen und stärken. Mit dem Glauben ist es wie mit einem Mannschaftssport. Natürlich kann ich allein trainieren, durch den Wald joggen, mich fit halten, bestimmte Techniken einüben. Aber ich werde all mein Können schnell verlernen, geschweige denn: mich verbessern, wenn ich nie mit anderen zusammen spiele bzw. gegen andere spiele. Ein Fußballspieler etwa, der nie mit anderen zusammen trainiert und spielt, kann nie ein Franz Beckenbauer werden. Er braucht einen guten Trainer, der ihn auf Fehler hinweist und ihm die richtige Aufgabe im Team zuweist. Schließlich brauchte selbst ein Oliver Kahn irgendwann einmal einen Trainer, der ihm sagte, dass er im Tor am besten aufgehoben ist. Als Mittelstürmer wäre er wahrscheinlich bald in der Versenkung verschwunden.

Ähnlich wie beim Fußball gibt es auch verschiedene Glaubenstypen: Der eine hat Freude am Nachdenken und kann gut theologische Zusammenhänge herstellen. Er kann intellektuelle Anfragen an den Glauben beantworten und wird auf Widersprüche und Irrwege in Äußerungen seiner Gemeinschaft aufmerksam. Eine andere erlebt ihren Glauben eher als ein Gefühl, ist eher ein mystischer Glaubenstyp. Sie wird die anderen darauf hinweisen können, dass sich Glauben nicht nur im Kopf abspielt, und wird in einer Gemeinde vielleicht dafür sorgen, dass man auch mit den Ohren und Augen, ja sogar mit der Nase »glauben« kann, dass Musik, Farben und Gerüche Ausdrucksformen des Glaubens sind.

Ein guter Fußballer braucht eine eingespielte Mannschaft, Mitspieler, die ihm die entscheidenden Pässe zuspielen und auch einmal seine Fehler ausbügeln. So braucht auch ein Christ Menschen, die ihm Ratschläge geben. Die ihm in Zweifeln und Krisen beistehen. Die ihn kritisieren und neue Gedanken mit ihm austauschen.

Ohne die Hilfe anderer würden meine Zweifel meinen Glauben längst besiegt haben.

Ein guter Sportler wird schließlich nur derjenige, der auch gute Gegner hat. Nur durch Erfahrung, auch durch Niederlagen, wird er lernen und sich verbessern. So wächst der Glaube, das Vertrauen zu und das Staunen über Gott auch mit Zweifeln und schlechten Erfahrungen. Das ist in dem Moment, in dem wir sie machen, meist nicht zu verstehen. Aber auch sonst lernen wir meist durch schmerzhafte Erfahrungen. Fahrrad fahren kann man auch erst, nachdem man einige Male vom Rad gefallen ist. Man erkennt auch erst im Nachhinein, dass das aufgeschürfte Knie mit zum Lernen gehörte.

Auch Kritiker des Glaubens gehören mit zum Kreis derer, die den Glauben wachsen lassen. Sie sind, um das Beispiel vom Fußballspieler noch einmal aufzunehmen, Gegner aus der Bundesliga. Sie haben nämlich häufig ganz einfach Recht. Ihre Kritik ernst zu nehmen und sie durch Taten und Worte zu entkräften müssen wir in vielen Punkten noch lernen. Ohne Kritik von außen droht sich eine Gruppe gläubiger Menschen schnell in einen reinen Wohlfühl- und Selbstbestätigungszirkel zu verwandeln. Nicht, dass man sich nicht in Gemeinden wohl fühlen soll, ganz im Gegenteil. Aber glaubende Menschen dürfen nicht zu lange im eigenen Saft schmoren. In unserem Alltag, selbst in einer Fußballmannschaft, begegnen wir ständig Menschen, die uns nicht nach dem Munde reden oder uns sogar vors Schienbein treten.

Glauben gehört zum Menschsein. Der Mensch aber ist ein Gemeinschaftstier. Es gibt fast keinen Lebensbereich, den wir ganz allein bestreiten. Wir lernen, arbeiten, verreisen gemeinsam, sehen mit hundert anderen den neuesten Kinostreifen. Von Kind auf werden wir dazu erzogen, mit anderen zu sprechen, uns mit ihnen auseinander zu setzen, mit ihnen zu konkurrieren und von ihnen zu profitieren. Wir tun das nicht (nur), weil Skat zu zweit oder allein keinen Spaß macht oder weil ein Orchester einen volleren Klang erzielt als ein Solist. Wir leben zusammen, weil wir auf andere angewiesen sind. Wir machen die Erfahrung, dass viele zusammen mehr schaffen als einer allein. Unsere menschliche Neigung, vieles in Gemeinschaft zu tun, basiert also auf der Grunderfahrung, dass wir es allein nicht schaffen. Wir brauchen die Solidarität anderer Menschen. Wir brauchen eine Gemeinschaft, die Familie, den Schützenverein, die Partei oder das Kaffeekränzchen. Diese Erfahrung ist so grundlegend und selbstverständlich, dass wir kaum darüber nachdenken.

Warum sollte das eigentlich beim Glauben anders sein? »Glaube ist eine reine Privatsache.« Ich verstehe, warum die Menschen diesen Slogan aufgebracht haben: Sie wollten (zu Recht) die ewigen Streitigkeiten zwischen den Konfessionen und Religionen beenden. Auch heute erleben wir wieder, wie viel Schlimmes passiert, wenn mit Religion Politik gemacht wird. Aber die Trennung von Kirche und Staat ist doch etwas ganz anderes als die Behauptung, Religion sei Privatsache. Warum Religion etwas Individuelles, Nicht-Öffentliches, ja, Intimes sein soll, habe ich nie verstanden. Ich denke, da hat man das Kind mit dem Bade ausgeschüttet. Viele Menschen tun, auf ihren Glauben angesprochen, so, als wären sie auf ihr Sexualleben angesprochen worden: Sie erröten leicht und bekunden dann, sie wollten nicht darüber sprechen.

Auch Glauben braucht eine Gemeinschaft und diese Gemeinschaft heißt »Kirche«. Sie ist eine ganz besondere, eine uralte, weltweite und sehr bunte Gemeinschaft. Da Menschen schon an einem Ort sehr verschieden sein können und in verschiedener Weise glauben, gibt es sie in verschiedenen Ausgaben, es gibt verschiedene Konfessionen. Ich finde es erstaunlich, wie sehr diese Gemeinschaft weltweit ihre Einheit verspürt, obwohl sie sich immer wieder an die sich ändernden Zeiten und an vielfältige Kulturen angepasst hat. Dieser Anpassungsprozess hat für viel Streit gesorgt. Viele ärgert das und sie sehnen sich mit vollem Recht nach dem Ende des Streites um Einzelheiten und nach noch mehr sichtbarer Einheit. Andere betrachten sich als die einzig rechtmäßige Gemeinschaft und sehnen sich danach, die anderen mögen sich doch ihrer Kirche unterordnen.

Ja, in der Gemeinschaft namens Kirche menschelt es dauernd, aber sie hat meiner Erfahrung nach dennoch einen reichen Schatz an Geborgenheit, Schutz und Solidarität. (Leider teilt sie diesen Schatz nicht immer aus.) Die Gemeinschaft Kirche sagt ihren Mitgliedern ganz besondere Solidarität und Hilfe zu. Kranke zu betreuen, alte Menschen nicht allein zu lassen, Sterbende zu begleiten, Gefangene zu besuchen, Ratsuchenden weiterzuhelfen gehört wesentlich zu ihrem Programm. All diese Tätigkeiten sind Ausdruck ihres Glaubens. Zu dieser Gemeinschaft zu gehören, mit Menschen verbunden zu sein, die auch nach Gott fragen, ist für mich ein weiterer Grund zu glauben. Ich verlasse mich darauf, dass es Menschen gibt, die mich nicht verlassen, wenn mich Gesundheit und Zufriedenheit verlassen. Ich weiß, dass ich in einer Gemeinschaft lebe, der ich nicht gleichgültig bin.

»Wenn Sie da mal nicht verlassen sind«, werden mir jetzt viele entgegnen. »Mich hat noch nie jemand von der Kirche besucht, noch nicht einmal zu meinem Geburtstag. Und als ich im Krankenhaus lag…« Solche negativen Erfahrungen mit Kirche gibt es. Und sie lassen sich durch nichts schönreden oder entschuldigen. Aber solange ich die Kraft und die Überzeugung habe, an Gott zu glauben, möchte ich mithelfen, solche schlimmen Erfahrungen zu vermeiden. Glauben vollzieht sich in einer Gemeinschaft, die andere trägt. Das ist nicht nur ein Anspruch an diese Gemeinschaft, sondern auch eine Verpflichtung für mich, der ich glaube.

Der Glaube an Gott lässt mich Mensch sein

»Menschen glauben nur an Gott, weil sie alleine nicht zurechtkommen«, höre ich oft als Argument gegen den Glauben. Der Glaube an Gott sei etwas für die Menschen, die zu dumm, zu ungebildet, alt oder krank seien. Als Krücke sozusagen. Ich finde das Argument okay. Denn, ohne es zu wissen, ist damit etwas Wichtiges am Glauben erfasst worden: »Nobody is perfect.« Schlimmer noch: Menschen machen dauernd Fehler. »Menschliches Versagen« lautet die häufigste Ursache bei Flugzeugabstürzen und anderen Katastrophen. Selbst der technische Defekt ist eigentlich ein menschlicher, weil einer bei der Kontrolle nicht richtig aufgepasst hat oder fünf Minuten früher in die Mittagspause gehen wollte. Und es sind nicht nur die Flugzeugabstürze, die aufgrund menschlichen Versagens passieren. Unser Weg ist vielmehr gepflastert mit kleinen und großen Katastrophen. Wer es nicht glaubt und wer den Menschen immer noch für nur gut und hochanständig hält, dem empfehle ich, einfach mal stichprobenartig eine Nachrichtensendung im Fernsehen anzusehen, der Kanal ist egal. Die Einsicht, das Eingeständnis oder die Erfahrung zu irren, Fehler zu machen, schwach zu sein, liegt dem Glauben an Gott zugrunde.

In uns schlummert die Sehnsucht, dass das Leben einmal heil ist, ohne Sorgen, ohne Ende, ohne Verletzungen und Streit. Aber in aller Regel ist unser Leben anders. Spätestens, wenn mir nach dem Aufstehen im Spiegel wieder der alte Morgenmuffel entgegenblickt, wenn das Finanzamt eine Steuernachzahlung verlangt, wenn die Waage trotz aller Bemühungen ein paar Kilo zu viel anzeigt, wenn es in der Familie Streit gibt oder einem die Kollegen am Arbeitsplatz das Leben zur Hölle machen, sehen wir ein, dass keiner von uns perfekt ist.

Ich möchte die Menschen nicht schlecht reden. Wenn man heutzutage davon spricht, dass mit den Menschen nicht alles in Ordnung ist, dann gilt man ja ganz schnell als hoffnungsloser Pessimist und Fall für den Therapeuten. Es geht auch gar nicht darum, dass wir Menschen so böse sind und sowieso »alle in die Hölle kommen«. Ich möchte sagen, dass der Mensch nicht wahrhaben will, dass er im Naturzustand auf sich gestellt, unvollkommen ist, unvollständig, verletzlich.

Die Bibel nennt dieses Defizit des Menschen »Sünde«. Auch so ein altmodisches, aber sehr wahres Wort. Das biblische Wort »Sünde« meint nicht (nur) meine kleinen und großen Vergehen: das Gläschen Wein zu viel, die kleine Mogelei bei der Steuererklärung, das böse Wort über die Nachbarin. Leider hat das Wort »Sünde« einen bedauernswerten Werdegang hinter sich. Für die einen ist es Ausdruck enger, kirchlicher, mittelalterlicher Moralvorstellungen und wird dann meistens mit Sex in Zusammenhang gebracht. Für die anderen steht es verniedlichend für die entschuldbaren, verzeihlichen Fehler, das Stück Sahnetorte oder die Viertelstunde Verspätung beim Rendezvous, gemäß dem Karnevalsschlager: »Wir sind alle arme kleine Sünder!«

In beiden Fällen wird Sünde mit Moral verwechselt – und dieses Wort ist tot. In der Bibel drückt Sünde aus, dass der Mensch ohne Gott nicht auskommt, dass er – auf sich gestellt – ganz schnell auf Abwege gerät und sich und anderen schadet. Das Problem daran ist nicht so sehr, dass er sich dabei nicht an Gottes Regeln hält. Was wäre das für ein Gott, der gekränkt und strafend reagiert, weil Menschen seine Regeln nicht einhalten? Ist Gott ein Hausmeister, der schimpft, wenn Kinder über seinen frisch eingesäten Rasen laufen? Der Gott der Bibel ist das nicht.

Vielmehr geht es darum, dass Menschen ohne Gott schnell vergessen, wie schutzlos, hilfsbedürftig und ziellos sie sind. Und in ihrer falschen Selbsteinschätzung fühlen sie sich allmächtig, ohne Fehler und Grenzen, absolut cool. Sie merken nicht, wie sie sich und anderen wehtun, dass ihnen ohne Gott das Koordinatensystem fehlt, um sich und ihre Handlungen einzuordnen, und dass dann »gut gemeint« meist das Gegenteil bewirkt.

In der alten Geschichte von Adam und seiner Frau Eva erzählt die Bibel grundsätzlich in mythischen Bildern und Vergleichen davon, wer oder was »Adam« ist. Es geht nicht um einen konkreten Menschen in der Urzeit, denn »Adam« ist hebräisch und heißt einfach: »ein Mensch«. Eine Geschichte, kein historischer Bericht, die zwar ernst, aber nicht wörtlich genommen werden will. Für Adam und Eva ist die Welt ein Paradies, in Ordnung, solange sie Gott zum Freund haben. Ihre »Sünde« besteht nicht darin, ein Stück Apfel zu essen (oder sonst eine Frucht, vom Apfel ist im Text nie die Rede). Sie besteht darin zu meinen, ohne Gott auskommen zu können, ohne Gott ganz okay, selbst das Maß aller Dinge zu sein (»zu sein wie Gott«). Ergebnis: Sie stoßen an ihre Grenzen, sie erkennen, dass sie nackt sind, und schämen sich. Adam und Eva müssen schmerzlich erkennen, wie schutzlos und gefährdet sie ohne Gott sind. Und Scham ist die erschreckte Erkenntnis, dass ich gar nicht so toll bin, wie ich immer gedacht habe, dass ich Fehler und Macken habe, die ich nicht abstellen kann.

Schonungslos werden meine Macken aufgedeckt: Ja, ich bin ein Mensch. Nackt. Schutzlos. Todgeweiht – eines Tages ist Schluss, und das war's dann? Voller Zweifel bin ich und voller Angst. Voller vermeidbarer wie unvermeidbarer Fehler. Ich bin ein Mensch. Und ich will nicht nackt sein, nicht schutzlos. Ich will mich nicht damit abfinden, dass ich eines Tages sang- und klanglos in einer Holzkiste verschwinde und den Würmern als Nahrung diene. Das wird so sein, aber das ist – so meine Hoffnung und mein Glaube – nicht alles! Ich kann Zweifel und Angst überwinden, sie teilen, trotzdem leben. Ich kann an meinen Fehlern arbeiten und bin kein hoffnungsloser Fall. »Sünde« kann überwunden – fromm gesprochen: »vergeben« – werden und deshalb glaube ich an Gott.

»Gut, wir sind alle keine Engel«, so könnte man mir nun entgegnen, »aber deshalb muss ich doch nicht gleich an Gott glauben.«

Natürlich kann ich den Menschen auch für begrenzt, fehlerhaft und hilfsbedürftig halten, ohne an Gott zu glauben. Aber darüber müsste ich eigentlich depressiv werden. Wie frustrierend wäre das, wenn es nicht nur kein höheres Wesen gäbe, sondern wir auch noch in unserer Hilflosigkeit und Sterblichkeit allein wären? Was hindert uns eigentlich daran, in aller Begrenztheit und Schuld anzuerkennen, dass da einer ist, der unsere Macken und Fehler nicht einfach wegzaubert, uns aber hilft, mit ihnen zu leben?

Ein Kritiker könnte sich nun noch mehr bestätigt fühlen und behaupten, Gott sei nur eine Erfindung, die uns über die eigene Unvollkommenheit hinwegtrösten soll. Eine »Projektion«. Wir basteln uns ein Wesen zurecht, das all unsere Wünsche nach Größe und Vollkommenheit erfüllt, ein Spiegel von uns selbst und unserer Welt, nur eben perfekt und mächtig und all das, was wir gerne wären. Mag sein. Nach allem, was klügere Menschen als ich darüber geschrieben haben, lässt sich Gott ebenso wenig beweisen wie stichhaltig widerlegen. Dass wir Menschen bedürftig und fehlerhaft sind und immer wieder auf der Nase landen, ist allerdings keine Projektion, das ist Realität.

Die Geschichte mit der Projektion hat dennoch auch einen wahren Kern. Unser Bild von Gott hat immer etwas mit unserem Bild vom Menschen zu tun. Zum einen können wir uns schlicht keinen Gott vorstellen, der völlig anders ist als das, was wir auf Erden sehen und erleben. Und sei es, dass wir ihn mit dem Gegenteil dessen beschreiben, was wir wahrnehmen. Kein Wunder also, wenn wir Gott mit menschlichen Eigenschaften beschreiben – wie sonst? Das heißt allerdings nicht, dass Gott mit unseren schwachen Bildern und bescheidenen Worten identisch wäre. Zum anderen ist Gott auch in einem tieferen Sinne ein Spiegelbild des Menschen. Wenn ich an einen Gott glaube, der mich schützt, mich liebt, mir Sinn und Leben gibt, drücke ich damit aus, dass ich des Schutzes und der Liebe bedarf, dass ich in mir selbst keinen Sinn finde und mein Leben unvollkommen ist. So ist jede Aussage über Gott zugleich eine Aussage über mich.

Der Mensch ist aus biblischer Sicht erst dann richtig Mensch, wenn er sich Gott anvertraut. Ohne Gott fehlt ihm etwas Entscheidendes. Der dänische Philosoph und Theologe Søren Kierkegaard hat das einmal genau auf den Punkt gebracht. Er schreibt: »Die größte Vollkommenheit des Menschen besteht darin, Gottes zu bedürfen.«

Das Besondere am Menschen, seine Erhabenheit und Größe, liegt für ihn paradoxerweise in seiner Schwäche. Wir Menschen sind auf Gott angewiesen. Diese Angewiesenheit bringt uns in Verbindung zu Gott. Wir sind sein Gegenüber. Das macht unsere Würde aus. Natürlich ist jede und jeder von uns lieber stark, vollkommen, selbstständig, ohne große Fehler. Der Jugend- und Schönheitswahn in unserer Gesellschaft zeigt das, oder haben Sie schon mal Leute wie Sie und mich in der Werbung gesehen? Ob Müsliriegel oder Haarshampoo – da gibt es nur makellose Supermodels mit Traumformen und dynamische Mittzwanziger mit Waschbrettbauch. Natürlich wären wir alle gerne so knackig wie die Leute in der Bacardi-Werbung. Natürlich wünschen wir uns das Familienglück und den Wohlstand mit der starken Versicherung an unserer Seite. Natürlich wären wir alle gerne so adlig und gebildet wie Frau von und zu, die den Kaffee mit dem Verwöhnaroma in goldenen Tassen serviert. – Aber wir sind es nicht!

Die Messlatte ohne Gott ganz hoch zu legen, auf 2 Meter 30, bei schön, stark, unabhängig, moralisch einwandfrei und gut – und dann immer wieder darunter wegzuspringen, das ist, so der Glaube an Gott, Sünde. Darin besteht die Unvollkommenheit, unter der wir bei jeder Bacardi-Reklame unterbewusst leiden und die sie so eindrücklich macht.

Unsere Fehler einzusehen, damit auszukommen, damit zu leben, dass wir schwach sind, seine Maßstäbe an sich selbst und an andere dieser Unvollkommenheit anzupassen – darin liegt, so Kierkegaard und die Bibel, so mein Glaube, eine Vollkommenheit, ein Glück, eine Würde.

Ich glaube an Gott, weil ich ein Mensch bin. Als einer, der Gott braucht, ohne ihn unvollkommen ist, habe ich eine besondere Position unter allen Geschöpfen. Indem ich auf Gott angewiesen bin, bin ich vollkommen, bin ich, wie die Bibel sagt, fast Gott gleich. Ich habe die Würde, mit Gott in Kontakt treten zu können. Weniger theologisch gesagt: Nur ein Mensch kann wissen, wie begrenzt er ist und sich zugleich über seine Grenzen erheben. Nur er kann sich etwas denken, das jenseits aller Fehler, aller Grenzen, allen Hasses steht. Und es ist für mich ein Grundzug aller Menschen, ob sie an Gott glauben oder nicht, genau das zu tun. Sich nicht abzufinden mit dem, was tagtäglich passiert, sich nicht zufrieden zu geben mit dem, was ich tue und bin, den Mut und den Optimismus zu haben, nicht nur Besseres und Größeres zu erhoffen, sondern auch von der Erfüllung dieser Hoffnung auszugehen. Das macht die Hoheit, die Vollkommenheit, die Würde des Menschen aus.

Und ich mache die Erfahrung, dass Menschen, die von dieser Würde wissen, menschlicher und gnädiger miteinander umgehen als solche, die den Menschen für unabhängig, edel und gut halten und sich und andere gnadenlos mit diesem Maß messen.

Der Glaube weist mir einen Platz in dieser wunderbaren Welt zu

»Wissen Sie, ich spüre Gott, wenn ich an einem lauen Sommertag durch einen Buchenwald gehe«, höre ich nicht nur von passionierten Spaziergängern. Gehässige

Kirchenfunktionäre antworten gerne: »Dann lassen Sie sich bitte auch vom Förster beerdigen.« Ich finde eine solche Antwort ungerecht. Pfarrer verstehen solche Bemerkungen oft als Entschuldigung dafür, dass jemand lange nicht in der Kirche war. Vielleicht führte aber der Weg zum Gottesdienst gerade durch einen Buchenwald?! Und warum sollte ein Mensch nicht auch an einem lauen Sommertag in einem Buchenwald auf Gott aufmerksam werden?

Im letzten Abschnitt habe ich ausgeführt, dass das Eingeständnis unserer Unvollkommenheit ein Weg sein kann, über Gott nachzudenken, ihm zu vertrauen. Spiegelbildlich dazu kann auch die Größe der Natur die Frage in uns wachrufen, ob das alles nicht mit Gott zu tun hat. Wenn ich die Formen und Farben der Blumen, die überragende Vielfalt des Lebens betrachte, wenn ich nur eine Wolke ziehen sehe, stellt sich leicht ein Gefühl der Bewunderung und Ehrfurcht ein. Und moderne Technik kann unseren Blick auf die Natur noch erheblich erweitern:

Wir können heute bis in kleinste Dimensionen vorstoßen. Mikroskope ermöglichen es uns, den unendlich kunstvollen Aufbau von Kristallen zu bewundern, die Lebensgewohnheiten von Wesen zu studieren, die wir mit bloßem Auge gar nicht wahrnehmen können. Wir erkennen dann, dass die Vielfalt des Lebendigen im Kleinen mindestens genauso groß ist wie die von Pflanzen und Tieren im Großen. Trotz intensiver Forschung kennen wir erst einen Bruchteil aller Tierarten, im Dickicht der sterbenden Urwälder und in den Tiefen der Ozeane haben wir gerade erst begonnen, das Leben zu erforschen. Über die Lebensweise von vielen Tieren wissen wir noch immer sehr wenig. Die Abläufe in den Zellen sind derart kompliziert, dass es noch Jahrzehnte brauchen wird, bis ganze Legionen von Biologen sie entschlüsselt haben. Ganze Heerscharen von Wissenschaftlern machen sich nach der Entschlüsselung des menschlichen Genoms jetzt daran, die Eiweißstoffe in unseren Zellen nach ihrem Aufbau und ihrer Funktion aufzulisten – eine Mammutaufgabe. Betrachten wir erst die kleinsten Bestandteile der Materie, die Atome, von denen Milliarden auf eine Nadelspitze passen, versagt unsere Vorstellungskraft leicht. Aus der Schule kennen wir das Atommodell, in dem kleine Bälle, Elektronen, um einen Kern aus großen Bällen, Neutronen und Protonen, sausen. Das mit den Bällen ist eine Modellvorstellung. Und die Neutronen und Protonen bestehen, so haben die Wissenschaftler mit gigantischen Teilchenbeschleunigern festgestellt, noch einmal aus kleineren Bestandteilen. Betrachten kann man die kleinsten Teilchen selbst nicht. Denn entweder kennt man ihren Aufenthaltsort oder ihre Energie. Unser Kopf ist offenbar zu klein für die kleinsten Dinge unseres Universums.

Mit Hilfe von Teleskopen können wir Milliarden Lichtjahre weit ins Weltall hinausblicken. Die Astronomen betreiben Teleskope in der Erdumlaufbahn, um einen von der Atmosphäre und allem Dreck in ihr unverstellten Blick auf Galaxien werfen zu können. Sie blicken bis an die Grenzen des Sichtbaren und messen noch die Strahlung, die als Glühen vom Urknall übrig geblieben ist. Und das Weltall selbst ist wohl noch viel weiter und komplexer, als wir es uns überhaupt vorstellen können. Das, was wir uns landläufig unter Materie vorstellen, macht neuesten Forschungen zufolge gerade fünf Prozent der Gesamtmasse des Universums aus. Ein Großteil besteht aus so genannter dunkler Materie. Wir wissen aufgrund der Wechselwirkung ganzer Galaxien, dass es sie geben muss, sie übt ihre Schwerkraft auf Sternenansammlungen aus. Sie gibt aber keine Strahlung ab, wir sehen sie also nicht und wissen noch nicht einmal, woraus sie besteht – aus herkömmlichen Teilchen jedenfalls nicht. Unser Kopf ist offenbar zu klein für das unermessliche Universum.

Und selbst das, *was* wir sehen, vermittelt uns nur ein unvollständiges Bild. Denn wir blicken stets in die Vergangenheit. Schon die Sonne, die wir am Himmel sehen, ist die Sonne, wie sie vor 15 Minuten schien. Denn so lange hat das Licht trotz seiner unglaublichen hohen Geschwindigkeit auf seiner Reise zur Erde gebraucht. Die Sterne, die zum Teil Millionen von Lichtjahren von uns entfernt sind (oder genauer: waren), sind vielleicht schon längst verloschen, so lange war ihr Licht zu uns unterwegs. Wie unsere Welt heute ist, werden wir nie erfahren. Uns bleibt beim Blick in die Weiten des Universums nur der Rückblick in die Vergangenheit.

All das ist kein Beweis für Gott. Aber die Betrachtung der Natur und ihrer Zusammenhänge, ihrer Schönheit und Verletzlichkeit kann ein Gefühl der Ehrfurcht erzeugen. Der Glaube an Gott ist mit diesem Gefühl nicht zu verwechseln. Aber diese Ehrfurcht kann ein Weg sein, Vertrauen zu fassen zu Gott. Diese Ehrfurcht ist auch ein

Teil des christlichen Glaubens. In der Bibel gibt es viele Texte, die die Natur betrachten, ihre Schönheit preisen und sie als Vorbild für das Verhalten der Menschen vorstellen. Im Alten wie im Neuen Testament hat eine Glaubensrichtung ihre Spuren hinterlassen, die man schlicht die »Weisheit« nennt. Für sie ist die Natur ein Spiegel der Herrlichkeit Gottes. Ihre Größe und Schönheit sollen die Menschen Demut lehren. Er soll sich nicht für den Nabel der Welt und auch nicht für die Krone der Schöpfung halten. Bei der Betrachtung der wunderbaren Schöpfung staunt der Verfasser eines Psalms: »Wenn ich sehe die Himmel, deiner Hände Werk, den Mond und die Sterne, was ist der Mensch, dass du (Gott) an ihn denkst, und des Menschen Kind, dass du dich seiner annimmst?«

Erst das Staunen über die Wunder der Welt weist uns den rechten Platz zu: Wir sind nur Staubkörner im Universum und unser Leben dauert in den Maßstäben seiner Entwicklung nicht mal einen Wimpernschlag. Die Weisheit in der Bibel möchte mit solchen Gedanken die Menschen aber auch nicht klein machen. Sie nutzt die Beobachtung der herrlichen Natur, um das Vertrauen der Menschen auf Gott zu stärken. Fassungslos fragt ja der Verfasser des Psalms, warum sich Gott um so nichtige und kleine Geschöpfe wie uns Menschen überhaupt kümmert. Unsere Würde liegt für ihn darin, dass Gott trotz unserer Kurzlebigkeit und Bedeutungslosigkeit an uns denkt und für uns sorgt, ja mehr noch: Weil Gott mit dieser sonderbaren Kreatur Mensch zu tun haben will und sich für sie einsetzt, hat Gott »ihn wenig niedriger gemacht als Gott. Mit Gnade und Barmherzigkeit«

hat er »ihn gekrönt«. Die viel zitierte biblische Rede vom Menschen als der »Krone der Schöpfung« ist also nicht eine Lizenz zur Ausbeutung der Natur, sondern eine Verhältnisbestimmung des Menschen zu Gott *und* zur Natur: Er steht über den anderen Geschöpfen, er steht Gott nahe und kann die Erde nutzen, er ist zugleich nur ein kleiner Teil der Schöpfung und Gott untertan.

Je mehr ich die Größe der Welt erkenne, sehe ich, wie klein und unbedeutend ich bin. Durch den Glauben erhalte ich meinen Platz in diesem Universum zugewiesen. Ich bin nur ein winziger Teil in ihm und sollte entsprechend bescheiden sein. Und dennoch bin ich Gott, dem Schöpfer dieses Universums, wichtig und wertvoll. Wenn ich die Dimensionen betrachte, kann ich über diese Fürsorge noch mehr staunen, oder wenn Sie so wollen: noch fester glauben.

Der Glaube sagt mir, warum es die Welt – und mich – gibt

Für viele ist Gott lediglich ein Lückenbüßer für die Dinge, die man sich nicht erklären kann. »Früher«, so sagen viele, »hat man Gott für Blitz und Donner verantwortlich gemacht. Er war für die Schöpfung der Welt zuständig, weil man sie sich nicht anders erklären konnte.« Heute, so denken viele, wissen wir es besser, die Wissenschaft kann (fast) alles erklären. Daher brauche man die »Arbeitshypothese Gott« nicht länger.

In der Tat, kein Pfarrer, der ernst genommen werde möchte, wird heute noch Blitz und Donner direkt mit

Gott in Zusammenhang bringen. Viele naturwissenschaftliche Erkenntnisse sind an die Stelle von sehr gewagten Ableitungen aus der Bibel oder schierem Aberglauben getreten. Dennoch finde ich es unfair, die Fortschritte der Naturwissenschaften gegen den Glauben an Gott auszuspielen. Es ist ein einfacher Trick, der Gegenposition Unwissenheit und Intoleranz zu unterstellen. Selbst die seit der Verurteilung Galileo Galileis so viel gescholtene römisch-katholische Kirche war und ist nicht so wissenschaftsfeindlich, wie gerne behauptet wird. Sie hat im Gegenteil auch viele Wissenschaftler gefördert.

Umgekehrt wissenschaftliche Erkenntnisse mit dem Glauben oder gar mit der Bibel zu bekämpfen ist das Geschäft von Fundamentalisten. Wer immer noch die Tatsache einer allmählichen Entwicklung des Lebens in Jahrmillionen mit dem Wortlaut der ersten Kapitel der Bibel in Zweifel zieht, hat nicht gelernt, wie biblische Texte gelesen werden wollen. Er nimmt die Bibel wörtlich, aber eigentlich nicht ernst. Er verschanzt sich hinter einem Pappkameraden, auf den viele Kritiker des Glaubens schießen, und ist tödlich beleidigt, wenn er tatsächlich getroffen wird.

Viele verdiente Wissenschaftler, besonders Physiker, unter ihnen zahlreiche Nobelpreisträger, sehen in ihren Forschungen und ihrem Glauben keinen Widerspruch. Ich finde ihre Theorien und Erkenntnisse hochinteressant und man sollte soweit möglich versuchen, ihren Ergebnissen zu folgen. Ich habe in ihnen bis heute kein vernünftiges Gegenargument gegen meinen Glauben an Gott entdeckt. Wissenschaftler beschreiben zum

Beispiel eindrucksvoll (wenn auch zum Teil sehr vorläufig und lückenhaft, wie selbstkritische Forscher zugeben) die erstaunliche Entwicklung des Lebens von einfachen Bakterien zu Wunderwerken wie Delphinen, Tintenfischen und Menschen.

So, wie man diese Erkenntnisse nicht mit Glaubensaussagen kritisieren sollte, darf man aber die Wissenschaft nicht als Argument gegen den Glauben missbrauchen. Am Beispiel Schöpfung und Evolution lässt sich das gut zeigen: Die Biologen und Paläontologen beschreiben, wie sich das Leben entwickelt hat. Der Glaube an Gott, den Schöpfer, bekennt, *warum* diese Entwicklung so vonstatten ging. Die Fragestellung ist eine ganz andere. Der Glaube an Gott, den Schöpfer, erklärt nicht, *wie* das Leben entstand. Die Bibel bekennt und lobt Gott als Schöpfer des Himmels und der Erde, erklärt aber keine wissenschaftlichen Sachverhalte. Die Evolutionsforscher wagen sich auf fremdes Terrain und betreiben Naturphilosophie, wenn sie gleich miterklären wollen, *warum* sich das Leben so entwickelte. Auf die Frage »Warum?« antworten sie mit dem Zufall. Neben der natürlichen Auslese und der ihr folgenden Anpassung der Arten auf die jeweiligen Lebensumstände ist für sie der Zufall der Schöpfer der Dinge. Denn nur zufällig, so sagen sie, entstehen Varianten, die im Kampf ums Überleben Vorteile besitzen und daher mehr Nachkommenschaft haben können als ihre Artgenossen. Der Motor der Entwicklung ist der Zufall. (Manchmal sprechen sie auch von »der Natur«, die das eine oder andere eingerichtet habe, ganz so, als gäbe es da eine Dame namens »Natur«, die unsichtbar Regie führt.)

Zufall heißt im Klartext: »Wir wissen es nicht. Die Faktoren, die die Entwicklung beeinflussten, sind uns (noch) unbekannt.« Wenn sie es so formulieren, ist die Antwort ehrlich und bleibt im Rahmen ihrer biologischen Fragestellung. Oder aber »Zufall« heißt im Klartext: »nicht Gott«. Dann aber verlassen die Wissenschaftler ihre neutrale Position. In der Geschichte der Biologie ist der Zufall an die Stelle getreten, an der Menschen früher »Gott« gesagt haben, »Zufall« im Sinne von »nicht Gott« war für viele der entscheidende Gedanke bei der Durchsetzung der Evolutionstheorie. Das ist verständlich, denn leider waren es viele überzeugte Christen, die Front gegen die Thesen Darwins und seiner Schüler machten. Allerdings kann der Zufall leicht zum modernen, atheistischen Lückenbüßer-Gott werden. Denn wenn früher gläubige Menschen an den Stellen, an denen sie nicht mehr weiterwussten, »Gott« einsetzten, dann setzen viele Wissenschaftler heute an der Stelle, wo sie (noch) nicht weiterwissen, »Zufall« ein.

Es geht dabei nicht um Wortklauberei. Es geht um die entscheidende Frage, wo wir Menschen herkommen. Ob wir wirklich Zufallsprodukte sind, individuell wie unsere ganze Art, oder ob wir gewollt sind, hat sehr viel mit unserem Selbstwertgefühl und der Achtung anderer Menschen zu tun. Deshalb wird der Streit noch heute manchmal mit viel Schärfe ausgetragen. Bei lebensentscheidenden Fragen wäre natürlich der Dialog viel besser. Denn beiden, Wissenschaftler wie Christen, geht es um die Beantwortung der Frage nach unserer Herkunft und unserer Stellung in der Welt. Gott sei Dank deutet sich gerade in den letzten Monaten eine neue Dimension des Dialogs an, der bereits von vielen Theologen und Forschern geführt wird. Der britische Evolutionsbiologe Simon Conway Morris von der Universität Cambridge veranschlagt den Faktor Zufall bei der Evolution viel geringer als bislang gedacht. Morris ist weder Kreationist, also kein Anhänger der Lehre, dass die Welt tatsächlich wie in der Bibel beschrieben in sechs Tagen erschaffen wurde, noch Hofbiologe von Johannes Paul II. Er entdeckt jedoch in der Evolution viel mehr Notwendigkeiten als bislang vermutet. Das Linsenauge etwa habe sich im Verlaufe der Erdgeschichte etwa siebenmal unabhängig voneinander entwickelt. Morris zeigt, dass die Evolution gewissen Bahnen folgt und kein bloßes Spiel von Zufall und Auslese ist. Er bestreitet mit guten Argumenten, dass jedes denkbare Ergebnis der Evolution, da vom Zufall angetrieben, ebenso wahrscheinlich ist wie jedes andere. Eine, wie ich finde, hochinteressante Brücke zwischen Schöpfungsglauben und Evolutionsforschung.

Ich glaube an Gott, weil ich diese wunderbare, wissenschaftlich so schön beschriebene Welt, Sie und mich eingeschlossen, für keinen Zufall halte. An einen Schöpfer glauben, heißt: überzeugt sein, dass diese Welt gewollt ist, dass ein Ziel, eine Absicht hinter den Dingen steckt. Ganz persönlich: Biologen sagen, dass es mich gibt, weil zufällig (siehe oben) eine Samenzelle meines Vaters mit zufällig den und den Erbanlagen mit einer Eizelle meiner Mutter mit – wieder zufällig – den und den Erbanlagen Bekanntschaft machte und sich die daraus entstandene Zelle (zufällig) unter bestimmten Bedingungen zu dem Menschen entwickelt hat, der dieses Buch geschrieben hat. Wissenschaftlich ist das hundertprozentig richtig. Warum das aber so ist, können sie mir nicht sagen. Ich glaube, ich bin, der ich bin, weil Gott mich so gewollt hat, mit meiner DNA, meinen Stärken und Schwächen und so weiter. Ich glaube nicht, dass ich ein Zufallsprodukt bin.

Was für einen einzelnen Menschen gilt, gilt auch für die ganze Welt: Wissenschaftler führen dem staunenden Laien vor, dass das Universum beim Urknall nur einige Prozent weniger Masse-Energie gehabt haben müsste – und seine ganze Entwicklung wäre ganz anders, nämlich ohne Sie und mich, verlaufen. Als sich unser Sonnensystem bildete, hätte die Sonne nur etwas weniger Masse besitzen müssen, und ihre Energie hätte nicht gereicht, Leben spendende Strahlen auf die Erde zu senden. Oder so viel mehr Masse, dass sie die gerade entstehenden Planeten verbrannt hätte. Bei der Entstehung des Lebens gab es kapitelweise solche »Zufälle«, bei seiner Entwicklung hätte leicht bei Flechten und Moosen Schluss sein können oder irgendein Meteorit hätte nicht nur die Vorstellung der Dinosaurier, sondern gleich die ganze Veranstaltung Leben auf der Erde beendet. Man nennt die Betrachtungsweise, dass die Entwicklung genauso verlaufen ist, damit Sie heute dieses Buch lesen können, anthropisches Prinzip. »So darf man das nicht sehen. Man darf die Dinge nicht von ihrem Ende her betrachten«, wenden viele dagegen ein. »Wissenschaft fragt nicht: Was wäre gewesen, wenn …? schon gar nicht unter der Zielperspektive Mensch.« Das mag für Wissenschaftler stimmen, aber als glaubender Mensch frage ich anders und lasse mir das Spiel »Was wäre gewesen, wenn …?« gefallen. Ich will die Welt nicht (nur) wissenschaftlich sehen, sondern wissen, warum ich ich bin. Die Wissenschaft gibt mir darauf nur begrenzt Antworten. Und wir sollten sie bei so wichtigen Fragen nicht allein um Rat fragen. Kunst, Musik und eben der Glaube halten wichtige Antworten bereit; zum Beispiel die, dass ich von Gott gewollt und bejaht bin, ein Projekt Gottes.

Schließlich halte ich den Glauben an einen Schöpfer auch für ethisch wichtig. Mit einem Geschöpf, mit einem von Gott gewollten Wesen, gehe ich pfleglicher um als mit einem Zufallsprodukt. Ich frage mich oft, wie wir einen verantwortlichen Umgang mit uns, unseren Mitmenschen und den anderen Lebewesen auf Erden bewerkstelligen wollen, wenn wir alles nur für Zufallsprodukte halten. Wenn Menschen nur eine Laune der Evolution sind, wenn all die herrlichen Tiere und Pflanzen nur Resultate zufälliger Mutationen sind, welchen Wert, welche Würde haben sie dann? Tausende Tier- und Pflanzenarten werden ausgerottet – »Na und?«, möchte ich fast fragen. »Die Natur hat schon Schlimmeres überstanden!« Oft wird dem christlichen Glauben vorgeworfen, er sei schuld an der Umweltzerstörung, denn er habe den Menschen zum Herrn – und Ausbeuter der Natur befördert. Ich bin dagegen überzeugt, dass der christliche Glaube mithelfen kann, unsere Umweltprobleme zu lösen, indem er uns das rechte Verhältnis zur Schöpfung und zum Schöpfer lehrt.

Ein Kind im Kindergarten fragt beim Frühstück: »Woher kommt eigentlich das leckere Brot, das ich gerade esse?« Ein anderes Kind schaut es verwundert an und sagt: »Hat dir doch deine Mama mitgegeben«, und beißt herzhaft in die Milchschnitte. Mit dieser Antwort gibt sich der Frager natürlich nicht zufrieden: »Und woher hat es Mama?« »Aus dem Supermarkt. Gekauft, das Brot, die Butter, den Käse«, gibt ein drittes Kind zurück. »Aber woher hat es der Supermarkt?«, insistiert das Kind. »Vom Bäcker, der das Brot backt«, schaltet sich nun die Erzieherin ein, die auf die Diskussion der Kinder aufmerksam geworden ist. »Er backt es aus Milch und Mehl und anderen Zutaten.« »Und woher hat er das Mehl?«, fragt ein anderes Kind. »Vom Müller«, erklärt ganz klassisch die Erzieherin, die natürlich nichts von industriellen Mühlen erzählen will, »der mahlt das Getreide zu Mehl.« »Und woher hat der Müller das Getreide?« »Vom Bauern natürlich, auf dessen Feld das Getreide gewachsen ist.« Kinder sind grausam und lassen so schnell nicht locker. »Aber wie kommt das Getreide auf seine Felder?« »Es wächst dort«, gibt die auskunftsfreudige Erzieherin zurück, nicht ohne einzuschränken: »Vorausgesetzt, die Sonne scheint und es regnet zwischendurch genug.« (Von Dünger und Nährstoffen zu sprechen hält sie aus guten pädagogischen Gründen hier für unangemessen.) Damit meint sie, die Fragen der Kinder endgültig beantwortet zu haben, freut sich über den Wissensdurst der lieben Kleinen und gießt sich eine Tasse Tee nach. Einen kurzen Moment herrscht Stille. Dann aber fragt das erste

Kind: »Und wer macht, dass die Sonne scheint und es regnet?« –

Wir wissen nicht, was die erfahrene Erzieherin nun antwortet; vielleicht hängt es davon ab, in welcher Trägerschaft sich der Kindergarten befindet. Die Antwort an sich soll uns auch nicht interessieren. Der Dialog soll vielmehr zeigen, dass es in unserer Gesellschaft zwar viele Dinge gibt, für die Menschen verantwortlich sind, wie die Mutter fürs Pausenbrot, der Bäcker fürs Brot oder die Landwirte fürs Getreide. Wir alle tragen Verantwortung und müssen unsere Pflicht tun.

Es gibt aber auch viele Dinge, die wir im Leben bekommen, ohne dafür etwas tun zu müssen oder zu können: das Kind das Frühstücksbrot, wir alle Regen oder die Sonne (auch wenn wir drauf und dran sind, das rechte Maß für diese Geschenke selbst zu verderben, indem wir das Klima nachhaltig negativ beeinflussen).

Jeder Mensch hat in seinem Leben das eine wie das andere erfahren: Vielen wurden Talente und Güter in die Wiege gelegt. Viele haben sich aber auch im Leben nach oben gearbeitet, haben Karriere gemacht, sich durch Probleme und Schwierigkeiten gekämpft und sind zu Recht stolz auf das, was sie erreicht haben. Doch wenn wir mal ehrlich Bilanz ziehen, basieren unser Erfolg, unser Wohlstand, unsere gesellschaftliche Stellung und unser Glück weniger auf dem, was wir selbst erreicht haben, als auf dem, was wir bereits vorfinden konnten, was andere für uns aufgebaut haben oder was uns schlicht in die Wiege gelegt wurde: Die glänzende Karriere in der Firma mit entsprechend dickem Konto? Viel Arbeit,

Fleiß und Durchsetzungsvermögen! Ja, aber die Firma hat der erfolgreiche Manager selten selbst gegründet oder aufgebaut. Die Sprossen seiner Karriereleiter haben andere gezimmert. Ein Leben, in dem die meisten von uns genug zu essen haben, ein Dach über dem Kopf, Kleidung, eine geschichtlich und weltweit gesehen erstklassige medizinische Versorgung, Freizeit, Mobilität und vieles mehr? Fleiß und Verantwortungsbewusstsein, Einsatz für andere und soziales Teilen! Sicher auch, aber der Großteil unseres Wohlstandes ist uns in den Schoß gefallen, ohne dass wir selbst das Geringste dazu beigetragen hätten. Gesundheit und Fitness, Belastungsfähigkeit und ein durchtrainierter Körper? Hartes Training und gesunde Ernährung, kein Alkohol, keine Zigaretten! Gut, aber ohne die entsprechenden Anlagen und das sportliche Talent wäre es nichts mit dem Waschbrettbauch und den Pokalen im Schrank. Und Gesundheit kann ich zwar fördern – oder aufs Spiel setzen –, aber vor Krankheit bin ich nicht gefeit.

Was fange ich mit dieser Erkenntnis an? Die wenigsten ziehen aus ihr Konsequenzen. Im Gegenteil, ich erlebe als Pfarrer ständig Menschen, die sich das Maß der ihnen geschenkten Dinge nicht im Entferntesten klar machen – mit zwei ernsthaften Konsequenzen: Erstens fühlen sie sich für alles und jeden verantwortlich. Ohne sie ginge gar nichts. Ohne ihren unermüdlichen Einsatz ginge die Firma in Konkurs, die Familie vor die Hunde oder gleich die ganze Welt unter. Diese Menschen verlangen viel zu viel von sich – und von anderen – und wundern sich, dass sie sich selbst und andere sie nicht mehr leiden können. Und das Schlimmste: Nicht wenige von ihnen, Geschäftsleute, Mütter, Lehrer/innen, Schüler, Beamte werden durch die selbst auferlegte Verantwortung krank, brechen unter den selbst auferlegten Lasten zusammen. Sie haben verlernt zu sehen, was ihnen von anderen oder einfach so geschenkt wird, ohne dass sie dafür etwas tun müssten.

Zweitens werden diese Leute chronisch undankbar. Sie merken gar nicht, was sie – ohne ihr eigenes Verdienst – alles haben, was keineswegs selbstverständlich ist: einen Arbeitsplatz, eine Familie, ein Haus, jede Woche mindestens einen wirklich freien Tag (wenn sie nur wollen) und vieles mehr. Da sie aber alles als gerechten Lohn für ihre viel zu viele Arbeit, ihren Einsatz, ihr Engagement betrachten, haben sie niemanden mehr, dem sie dankbar sein könnten. Sie könnten sich höchstens selbst danken, aber das ist nicht die Form des aufrichtigen, fröhlichen Dankes, der uns Menschen gut tut. Niemandem mehr danken zu können macht diese Menschen meist zu unausstehlichen Zeitgenossen. Ich empfehle diesen Leuten, einmal im Stile der Kindergartenkinder bis an den Anfang zu fragen, wem sie was verdanken, und sie werden bemerken, wie gering ihr Anteil an ihrem Glück ist (und wie groß ihr Anteil an dem Problem ist, in diesem Glück trotzdem frustriert und unglücklich zu sein).

Wir alle brauchen eine gesunde, befreiende Einschätzung unserer Arbeit: Wie viel müssen wir leisten und wie wenig können wir leisten, wie viel müssen wir uns einfach schenken lassen? Wer bei dieser Einschätzung das gesunde, rechte Maß nicht findet, entwickelt sich schnell zum überverantwortlichen Workaholic oder zum verantwortungslosen Faulpelz, der alles anderen überlässt.

»Und was hat das mit Gott zu tun?«, könnten Sie nun fragen. Die Bibel erzählt immer wieder davon, dass Menschen alles Wesentliche im Leben nicht sich selbst verdanken. Sie beharrt darauf, dass sich der Mensch alles zum Leben Notwendige von Gott schenken lassen muss. Jesus vergleicht die Menschen mit Spatzen, die nicht säen und nicht ernten und doch nicht verhungern, weil Gott sie versorgt. »Die Spatzen«, sagt Jesus, »sind viel weniger als ihr. Wenn sich schon Gott um *sie* kümmert, wie viel mehr sorgt er dann für *euch*?« Jesus tut das nicht, damit wir in Zukunft die Füße hochlegen, unsere Stellung kündigen (welcher Spatz arbeitet schon?) und Gott mal machen lassen. Das wäre verantwortungslos. Jesus wagt diesen Vergleich, um uns die Sorgen zu nehmen, damit wir entdecken, wie viel uns geschenkt wird und wie wenig wir selbst zum Leben beitragen. »Wer von euch kann seinem Leben auch nur einen Tag hinzufügen durch Sorgen?«, fragt er.

Für mich steht fest, dass *Gott* es ist, der mir vom Pausenbrot bis zu meiner Arbeit unendlich viel schenkt, ohne dass ich dafür etwas getan hätte. 99 % meines Lebens sind Geschenk und machen mich zu dem, der ich bin. Ohne einen Cent von mir. Gratis. »Sola gratia« – allein aus Gnade, so haben das die Leute der Reformation ausgedrückt. Für mich steht fest, dass Gott uns zu viele unberechtigte Sorgen ersparen will. Auch wenn er keinem ein sorgenfreies Leben gibt. Gott verteilt seine Gaben scheinbar ungerecht. Der eine erhält mehr, der andere weniger. Manchen mutet er eine Menge Sorgen zu. Viele geraten unverdient in Unglück, Armut und Krankheit. Warum das so ist, warum Gott nicht nach dem Gießkannenprinzip allen gleich viel schenkt, sondern den einen mehr segnet, den anderen weniger, bleibt mir ein Rätsel. Fest steht jedoch, dass er das, was er gibt, ohne unser Zutun, ohne unser Verdienst schenkt.

Fest steht auch, dass wir bei der ungleichen Verteilung der Gaben nicht stehen bleiben sollen. Die Spende für »Brot für die Welt« oder das Zwei-Euro-Stück für den Obdachlosen an der Bushaltestelle – immer gebe ich nur weiter, was ich von Gott empfangen habe.

Der Glaube an Gott schenkt mir einen besseren Durchblick

»Ich glaube nur, was ich sehe.« Auch an diesem Satz ist etwas dran. Denn wir Menschen sind Augentiere. Den Großteil der Informationen über unsere Umwelt beziehen wir über unsere Augen. Unsere anderen Sinne sind vergleichsweise schlecht ausgebildet, wir können nicht so gut hören wie Hunde, nicht so gut riechen wie manche Motten. Dafür sehen wir im Vergleich zu anderen Lebewesen recht gut. Deshalb ist es verständlich, wenn sich Menschen auf ihre Augen verlassen. Wenn die Sehkraft nachlässt, verunsichert das viele. Wenn es dunkel ist, haben nicht nur Kinder instinktiv Angst. Auf dem Weg in den dunklen Keller pfeifen selbst viele Erwachsene ein Lied, um sich Mut zu machen. Unsere ganze Gesellschaft setzt auf den Augenschein. Überall wird unsere Aufmerksamkeit durch visuelle Reize erregt: durch die Werbung, im Verkehr, vom Fernsehen ganz zu schweigen. Selbst Handys haben sich zu kleinen Fotoapparaten oder gar Videogeräten weiterentwickelt. Dem, was wir »mit den eigenen Augen« gesehen haben, vertrauen wir besonders. Wenn etwas im Fernsehen gezeigt wird, nehmen es immer noch viele Menschen für bare Münze. »Das habe ich aber im Fernsehen gesehen«, reicht dann als Argument oft aus. Das wirft natürlich auch Probleme auf: Wenn ein Außenminister irgendwelche unscharfen Satellitenfotos – aus Kilometern Höhe aufgenommen – präsentiert, sind alle ganz beeindruckt und das reicht auch schon einmal aus, einen Krieg zu legitimieren. Allzu sehr sollten wir dem Augenschein also offenbar nicht trauen.

»Ich glaube nur, was ich sehe«, dieser Satz ist daher andererseits auch schnell widerlegt. Keiner wäre so dumm, aufgrund einer solchen Aussage ohne Schutzmaßnahmen bei einem Störfall in einem Atomkraftwerk zu arbeiten, auch wenn er die gefährliche Strahlung nicht sehen kann. Bislang hat noch niemand den Wind zu Gesicht bekommen und doch zweifelt niemand auch nur im Geringsten daran, dass es Wind gibt. Denn wir sehen seine Wirkung: Wäsche trocknet, Segelschiffe fahren übers Meer, Drachen steigen in den Himmel, Stürme zerstören ganze Landstriche, Bäume wiegen sich hin und her.

Der Glaube an Gott geht in etwa so vor wie ein Mensch, der von durch die Luft wirbelnden Blättern auf den Wind zurückschließt. Ein Mensch, der an Gott glaubt, sieht ihn nicht – Gott ist so unsichtbar wie der Wind. Dass man Gott nicht sehen kann, hat einen einfachen Grund: Gott ist der Ursprung, der Schöpfer aller Dinge. Er kann also nicht selbst zu den Dingen gehören, die uns umgeben. Wir können nur wahrnehmen, was begrenzt ist, endlich und vergänglich. Es gehört zum Wesen endlicher Dinge, dass sie sichtbar, fühlbar oder irgendwie sonst wahrnehmbar sind. Gott aber ist unendlich, allgegenwärtig und ewig. Folglich kann man ihn nicht sehen. Die Bibel betont das immer wieder und wird nicht müde davor zu warnen, sich ein Bild von Gott zu machen. Sie befürchtet zu Recht, wir könnten Gott mit diesem Bild gleichsetzen und ihn mit einem endlichen Ding verwechseln.

Wir sehen Gott nicht, aber wir können seine Wirkungen sehen: Ein Mensch wird getröstet. Ein anderer ändert sich ganz unerwartet. Menschen überwinden ihre Abneigung und ihre Differenzen und bilden eine Gemeinschaft. Dieser Rückschluss auf Gott als Urheber dieser Erfahrungen verbindet also das Sichtbare mit dem Unsichtbaren. Im Neuen Testament heißt es: »Es ist aber der Glaube eine feste Zuversicht auf das, was man hofft, und ein Nichtzweifeln an dem, was man nicht sieht.« Daraus schließen manche Kritiker, der christliche Glaube würde Luftschlösser bauen und sich nur mit Fantasiegebilden beschäftigen, weil man seinen Gegenstand, Gott, eben nicht sehen kann. Aber der Glaube konzentriert sich keineswegs nur auf Dinge, die man (noch) nicht sehen kann. Glaube will nicht blind machen, nach dem Motto:

»Augen zu und durch«. Glaube will im Gegenteil das rechte Sehen lehren. Wenn man unerwartete Erfahrungen, gute wie schlechte, in seinem Leben mit dem unsichtbaren Gott in Verbindung bringt, schärft das den Blick für die Probleme und Schwierigkeiten der Umgebung. Aber gerade wegen dieser Aufmerksamkeit für die Nöte und Sorgen der Mitmenschen bleibt der Glaube nicht beim Sichtbaren stehen. Er sieht weiter. Er sieht auch, was noch nicht sichtbar ist. Der Glaube sieht die Möglichkeiten in einem Menschen. Er sieht, wie die Welt sein könnte. Er hofft. Dazu stellt die Bibel eine Menge von Bildern zur Verfügung, Bilder voller Fantasie und Poesie, auch wenn sie auf uns gänzlich unrealistisch wirken. Die Bibel nennt solche Bilder »Verheißungen«. Verheißungen sind keine frommen Illusionen. Verheißungen sind die Dinge, die Gott für möglich hält und uns zusagt, die aber nach menschlichen Maßstäben unmöglich oder noch nicht möglich sind. Dass man Schwerter zu Pflugscharen umschmiedet, dass Löwen und Schafe gemeinsam weiden, dass alle Tränen einmal abgewischt werden – das widerspricht dem, was wir sehen. Und doch ist es Anreiz, sich nicht mit dem abzufinden, was wir auf unseren Straßen oder im Fernsehen sehen. Es ist ein Grund zur Hoffnung.

Glaubende Menschen sind ein bisschen wie Erfinder. Sie »sehen« Dinge, die es (noch) nicht gibt. Sie »sehen« Dinge, die es bislang nur in ihrer Vorstellung gibt. An Gott glauben heißt: Anteil haben, »sehen«, was es bislang nur in der Zukunft nach Gottes Zusagen gibt. Wir kennen das aus unserem Alltag: Auch da »glauben« wir nicht nur, was wir sehen. Wir glauben auch an die Dinge, die noch nicht sind. Wir haben Eingebungen und Ideen, »Visionen«, das heißt ja eigentlich: »Sichtungen«. Ein Mensch »glaubt« an einen anderen, weil er Dinge für möglich hält, die dieser noch nicht leisten kann. Weil er die Hoffnung, ja, das feste Vertrauen hat, dass sich ein Mensch verändern wird. Ein Architekt »sieht« ein Gebäude, das es noch gar nicht gibt. Wir alle, ob fromm oder nicht, »glauben« also ständig, ohne zu sehen. Würden wir uns nur auf das beschränken, was ist, könnten wir uns weder individuell noch gesellschaftlich weiterentwickeln. Dabei bestehen unsere Projekte und Visionen nicht nur aus einer Erweiterung oder Neukombination dessen, was es schon gibt. Manchmal »sieht« jemand etwas, was es noch gar nicht gegeben hat.

Ich denke, es ist heute sehr wichtig, dass wir nicht zu sehr bei den Dingen stehen bleiben, die wir sehen können. Träume, Sehnsüchte, Ängste bestimmen unser Leben in hohem Maße mit, ohne dass wir sie sehen könnten. Man braucht also gar nicht an die Existenz von Geistern und andere unsichtbare Mächte zu glauben und kann dennoch an viel mehr glauben als an das, was man sieht.

3. Gott macht glücklich, aber an welchen Gott glaube ich?

»Unter Gott stellt sich doch jeder etwas anderes vor«, sagen viele Kritiker, um den Glauben gleich mal als weltanschaulichen Selbstbedienungsladen hinzustellen. Und wieder haben sie nicht ganz Unrecht. Wenn Sie zehn Leute fragen, wer oder was Gott sei, bekommen Sie wahrscheinlich mindestens zwölf verschiedene Antworten: Der eine hält Gott für eine Art Grundgesetz der Natur, die Weltformel, die alles im Innersten zusammenhält. Der Zweite nennt die Lebendigkeit der Dinge, die stetige Veränderung, die Kraft des Werdens und Vergehens, Gott. Der Dritte kann zwar der Existenz eines Schöpfergottes zustimmen, der alle Dinge mit dem Urknall ins Rollen gebracht hat, der aber seitdem teilnahmslos zuschaut, wie sich seine Schöpfung entwickelt. Der Vierte glaubt an ein höheres Wesen, das die Geschicke der Welt steuert und von den Menschen in verschiedenen Religionen mit verschiedenen Namen angesprochen wird. Der Fünfte kann zwar dem Gott des Alten Testaments folgen, kann aber nicht nachvollziehen, was dieser Jesus mit ihm zu tun haben soll. Der Sechste identifiziert Jesus Christus mit Gott und lässt nichts anderes gelten ...

Aus dieser Vielfalt an Anschauungen kann man aber nicht schließen, dass Gott nicht existiert, und auch nicht, dass der Glaube an ihn beliebig wäre. Vielmehr beweist diese Vielfalt nur zweierlei: Erstens ist Gott zu groß und wunderbar, als dass wir ihn umfassend und abschließend wahrnehmen könnten. Vielleicht kennen Sie die bekannte und weise Geschichte von Nikos Kazantzakis von den Blinden, die nur mit Hilfe ihres Tast- und Geruchssinns einen Elefanten untersuchen. Obwohl sie alle dasselbe, ihnen unbekannte Tier vor sich haben, berichten sie am Ende von ganz verschiedenen, ja widersprüchlichen Eigenschaften und kommen zu dem Ergebnis, dass jeder ein anderes Tier entdeckt habe: Der eine, der den Rüssel ertastet hat, hält den Elefanten für eine Art Schlange, der zweite hat das Ohr des Elefanten erwischt und beschreibt das Tier wie einen Teppich. Der dritte glaubt in den Beinen die Säulen eines Gebäudes ertastet zu haben, wieder einer schließt vom Rücken des Tieres auf seine Größe und Erhabenheit. Einen Konsens über das Aussehen des Tieres können sie nicht erzielen.

Zweitens verstehen viele Menschen unter dem Wort »Gott« etwas ganz anderes. Was andere Religionen oder andere Epochen mit dem Wort »Gott« verbinden, kann sich sehr von der christlichen Gottesidee unterscheiden. Christen, Juden und Muslime stimmen darin überein, dass es nur einen Gott gibt. »Gott« ist für sie daher ein ganz anderes Wort als das Wort »Baum« oder »Tisch«. Es gibt eine große Vielfalt von Bäumen und Tischen, in vielen Religionen auch von Göttern. »Gott« ist dort nur ein Oberbegriff für eine Vielzahl von göttlichen Wesen. In den monotheistischen Religionen aber steht Gott nicht nur für eine »Ausgabe« aus einer Vielheit verwandter

Dinge; Gott ist einer und steht daher der bunten Vielfalt von endlichen Gegenständen und Wesen in dieser Welt gegenüber.

Wenn Gott glücklich macht, ist es wichtig zu wissen, wer er ist und wie wir etwas Zuverlässiges über ihn erfahren können. Christen kommen bei dieser Frage an der Bibel nicht vorbei.

Gott – der Gott der Bibel

Kein Buch der Welt ist so erfolgreich wie die Bibel. Seit fast 2000 Jahren wird sie verlegt und gekauft. Kein Buch wurde in so viele Sprachen übersetzt wie die Bibel. Neben dem Telefonbuch – und vielleicht neuerdings Harry Potter – ist kein anderes Buch so flächendeckend in deutschen Haushalten verbreitet. Jeder und jede hat schon mal reingeschaut, aber die wenigsten lesen regelmäßig in ihr. Dennoch erlaubt sich jede und jeder ein Urteil über ihren Inhalt. Dabei ist sie in den meisten Wohnzimmern eher ein verstaubter Einrichtungsgegenstand.

Die Bibel ist für viele ein dauerndes Ärgernis. »Wie kann man ein 2000 bis 3000 Jahre altes Buch so hochhalten? Wie kann man erwarten, etwas Sinnvolles für unsere Zeit aus Geschichten herauszulesen, die uralt sind? Wie soll man etwas Vernünftiges über Gott erfahren in einem Buch voller Mord und Totschlag?« So oder ähnlich ließe sich die Kritik formulieren.

An den Gott der Bibel zu glauben, darin liegt tatsächlich eine Schwierigkeit. Die Bibel zeichnet von ihm ja auch ein buntes Bild. Nicht alles, was wir in einem Buch der Bibel lesen, passt widerspruchslos zu dem, was etwa Jesus an anderer Stelle von ihm berichtet. Die Bibel erzählt von Menschen über einen Zeitraum von einigen tausend Jahren, die sehr unterschiedliche Erfahrungen mit Gott gemacht haben. Es ist daher wichtig, sich den komplizierten Entstehungsprozess der Bibel zumindest in Grundzügen vor Augen zu halten. Ich rate den Gesprächsteilnehmern in Kreisen oder beim Treffen nach dem Gottesdienst immer, die Bibel ernst, aber nicht wörtlich zu nehmen. Die Bibel ist nicht vom Himmel gefallen. Sie ist nicht Wort für Wort von Gott diktiert worden, dazu sind die Widersprüche, Doppelungen und Veränderungen zu offensichtlich. Ich finde es aber auch viel passender, menschlicher, nachvollziehbarer, dass dieses Buch Macken hat und in einer ungeheuren Vielfalt sprachlicher Ausdrucksformen von menschlichen Erfahrungen mit Gott erzählt. Diese Berichte haben für mich dieselben menschlichen Schwächen und Fehler wie mein eigenes Leben. So werde ich eingeladen, meine Erfahrungen mit den Gotteserfahrungen der Menschen in der Bibel zu vergleichen. Ich entdecke in ihren Berichten, Geschichten und Liedern, wo Gott in meinem Leben vorkommen kann. Sie regt neue Einsichten an, weckt neues Vertrauen, deutet mein Menschsein. Sie ist immer wieder Ausgangspunkt für die Beschäftigung mit Gott. Deshalb sagen Christen, die Bibel sei »Gottes Wort«. Sie fühlen sich durch sie in ihrem Innersten angesprochen, zum Widerspruch oder zur Zustimmung aufgefordert, aufgerüttelt, kritisiert, getröstet. Dabei ist mir ein historisch langsam gewachsenes, oft schwieriges und menschliches Buch viel lieber als irgendein (angeblich) himmlischer Almanach mit esoterischen Geheimlehren oder ein »Kochbuch« mit Rezepten für alle Lebenslagen.

Wenn ich an den Gott der Bibel glaube, so lasse ich mich noch auf eine weitere Beschränkung ein: Nicht jede »religiöse« Erfahrung, die ich heute mache, kann ich mit dem Gott der Bibel in Zusammenhang bringen. Die »Erfahrung« beispielsweise, von Außerirdischen Botschaften zur Rettung der Welt zu erhalten, wie sie für manche obskure Sekte zentral ist, ist mit dem Gott der Bibel nicht kompatibel. Die hinduistische Vorstellung einer Seelenwanderung, eines ewigen Kreislaufes von Geburt und Tod, ist mit dem Gott der Bibel nicht machbar. Die Bibel ist für mich also nicht nur Quelle, sondern auch Maßstab für den Glauben. Solche einschränkenden Maßstäbe sind heute nicht besonders beliebt. Heute wird verlangt, dass man am besten für alles offen ist und alles »irgendwie gut« findet. In diesem Punkt lässt sich der Glaube an den Gott der Bibel nicht mit dem Zeitgeist versöhnen. Nach meinem Glauben hat sich Gott an ein Buch gebunden. Wer er ist, was er von uns will, was er uns bietet, erfahren wir in der Bibel, im Nachdenken und im Gespräch mit anderen über ihre Texte. Zugespitzt formuliert: Gott ist ein Gott zwischen zwei Buchdeckeln.

Ich denke aber, dass die Bibel in einem noch viel weiteren, allgemeineren Sinne ein »Wort Gottes« ist. Sie prägt die Vorstellungen von dem, was Gott ist (oder sein könnte), selbst bei Menschen, die nicht an ihn glauben. Ja, selbst ausgemachte Atheisten beziehen ihre Vorstellungen von dem, was sie bestreiten, oft aus der Bibel:

Gott müsste einer sein, allgegenwärtig, nicht darstellbar, sehr weise, wenn nicht gar: allwissend, gut, immateriell usw. Insofern »glauben« selbst Atheisten an den Gott der Bibel. Man kann diese Behauptung mit einem kleinen Gedankenexperiment untermauern: Stellen Sie sich vor, es hätte die Bibel nie gegeben. Die jüdische Thora, das Alte Testament, nicht, das Neue auch nicht, den Koran, die Heilige Schrift der Muslime, folglich auch nicht, und auch nicht all die weitere Literatur, die direkt oder indirekt auf der Bibel basiert, keine jüdische, christliche oder islamische Theologie, keine Gesang- und Gebetsbücher, keine Legenden und Heiligengeschichten, keine Anspielungen in Romanen und Kurzgeschichten, nichts. Wie sähe dann unsere Vorstellung von Gott aus? Sie wäre vermutlich noch immer von den antiken Göttern, von den griechischen, römischen, ägyptischen oder germanischen Gottheiten geprägt, von Zeus, Jupiter, Isis und all den anderen. Jedenfalls würde sie sich entscheidend von dem unterscheiden, was wir uns heute – zustimmend oder ablehnend – unter dem Wort »Gott« vorstellen.

Ich möchte mich in meinem Glauben nicht auf Spekulationen verlassen. Ich möchte mir auch nicht das herauspicken, was Menschen sich über Gott zurechtdenken. Ich verlasse mich auf das Zeugnis der Bibel.

Gott, der Ursprung und Halt aller Dinge (der Vater)

Was sagt die Bibel über Gott aus? Der kleinste gemeinsame Nenner bei der Frage nach Gott besteht oft darin, dass man sich auf die Existenz eines höchsten Wesens einigt. Irgendeine Intelligenz müsse schon verantwortlich sein für die Welt. Etwas müsse doch da sein, was die Geschichte, das Schicksal lenke. Irgendwoher müsse doch das Gute im Menschen kommen. Unsere Sehnsucht danach, dass sich das Gute durchsetzt und das Böse keinen Bestand hat, müsse doch irgendwann gestillt werden. Es ist schon interessant, dass sich Menschen offenbar diese Gedanken machen, seit es sie gibt. Sobald der Mensch halbwegs denken konnte, hat er Verstorbene nicht einfach mit dem Hausmüll entsorgt, sondern feierlich bestattet. Funde aus der Steinzeit zeigen, dass schon die Neandertaler eine Vorstellung von einem jenseitigen Leben hatten. Sicherlich wäre es pure Spekulation, ihnen einen Glauben an eine höhere Existenzform, geschweige denn: an Gott, nachzusagen. Immerhin waren sie sich aber ihrer Grenzen, der Grenzen ihrer Welt, sehr bewusst und haben sich mit diesen Grenzen nicht zufrieden gegeben. Diese Unzufriedenheit, diese Sehnsucht hält unser Nachdenken nach dem, was jenseits unserer Grenzen ist, in Gang.

Eine Welt ganz ohne inneren Zusammenhang, eine Geschichte ganz ohne Sinn und Ziel, Menschen ohne letzten Halt, das wollen sich selbst hartgesottene Realisten nicht vorstellen. Der große Philosoph Immanuel Kant hat dargelegt, dass unser Verstand so konstruiert ist, dass er alle Dinge gerne ordnet und letztlich auf einen Ursprung, ein Prinzip, zurückführen will. Wir fragen schon als Kinder leidenschaftlich »Warum?« und wenn wir eine Antwort bekommen haben, haken wir nach, fragen weiter nach einer Ursache und machen so aus der

Antwort wieder eine Frage. Menschen haben deswegen immer wieder die Grundfrage nach einer ersten Ursache, nach dem Beginn aller Dinge, nach ihrem Ziel und inneren Zusammenhang gestellt.

Aber rechtfertigt das schon, die Existenz eines höchsten Wesens, eines einheitlichen Prinzips oder einer die Welt durchwaltenden Vernunft anzunehmen? Reicht das aus, hinter all den Fragen eine Antwort zu vermuten, die wir dann »Gott« nennen?

Die Annahme einer letzten Wirklichkeit entspringt nicht nur vernünftiger Überlegung, sie bedient auch unser Gefühl. Wir sehnen uns nach einer Sicherheit, die all unsere Unsicherheit aufwiegt. Was bleibt von meinem Leben, wenn ich arbeitslos oder schwer krank werde, wenn es Krieg gibt, wenn ich – und das ist so sicher wie das Amen in der Kirche – eines Tages unter der Erde liege? Wir brauchen Geborgenheit, selbst wenn in unserem Leben kaum etwas Bestand hat. Wir suchen einen Halt, der fest steht, auch wenn wir heute mit anderem Geld bezahlen als vor zehn Jahren, der Nahverkehrszug heute »Regionalschnellbahn« heißt und in die Wohnung nebenan schon wieder neue Nachbarn eingezogen sind.

Es geht gar nicht darum, ob wir diese Gefühle, diese Sehnsüchte nur mit einer Illusion stillen oder ob etwas sie befriedigt, das wirklich existiert. Zunächst einmal *haben* wir diese Gefühle und sollten sie nicht mit zu viel Vernunft und Wissenschaft zum Verstummen bringen. Die Ahnung, die Annahme, die bloße Möglichkeit, dass da »etwas« ist, in dem all diese Gedanken und Fragen aufgehoben sind, ist für viele Menschen schon ein Trost. Dennoch liegt in der bloßen Annahme eines höchsten Wesens für den christlichen Glauben etwas Unzureichendes.

Was bringt mir die Annahme, dass da »noch etwas« ist, außer vielleicht ein vages Gefühl von letzter Sicherheit? Was habe ich davon, irgendein namenloses Prinzip für den Ursprung der Welt verantwortlich zu machen, irgendetwas uns noch Unbekanntes, das die Lunte an den »Big Bang« gelegt hat? Wo und wie begegnet mir dieses Etwas? Wir kann ich mir überhaupt eine Vorstellung von ihm machen? Was hat es mit den kleinen Dingen in meinem Leben zu tun, mit meinen Entscheidungen und Alltagsängsten, meinen Mitmenschen und mir selbst, wenn es doch nur eine Idee, eine Vernunft, ein Es ist? Nebenbei bemerkt: Vermutlich ist es auch ganz bequem, sich Gott als eine mathematische Formel oder eine nebulöse Substanz vorzustellen, die alles durchwirkt: Ich gehe kein Risiko ein, denn die Annahme bleibt ohne jede Folgen. Ich komme, bildlich gesprochen, nicht in den Genuss einer Schokolade, ich esse aber auch garantiert nichts, was giftig sein könnte.

Die Bibel und die Religionen, die sich auf ihre Überlieferungen berufen, bekennen Gott nicht als irgendein Wesen, sondern als ein Gegenüber, ein Du. Gott ist personal. Er ist nicht eine Person wie Sie oder ich. Sie werden Gott höchstwahrscheinlich nie morgens in der U-Bahn treffen. Aber er ist auch mehr als nur ein Etwas. Gott kommuniziert mit uns, er will mit uns zu tun haben. Ich kann mit ihm reden, nicht so, wie ich eben mit meiner Schwägerin telefoniere, aber doch besteht ein intensiver Kontakt zwischen ihm und den Menschen. Deshalb gebraucht die Bibel viele Bilder für Gott, die ihn als Person, oft wie einen Menschen, zeichnen, auch wenn gleichzeitig betont wird, dass er kein Mensch ist und noch nicht einmal dargestellt werden kann. Gott wird auch mit Dingen verglichen, er ist wie die Sonne, wie ein Schild, wie eine Burg, am häufigsten aber mit einer Person: Er tröstet, wie einen die Mutter tröstet; er ist ein Arzt, ein Freund, ein guter Vater.

Die christliche Tradition hat das Bild vom Vater in den Mittelpunkt der Vorstellung von Gott als Person gestellt. Dabei hat sie weniger an den bösen, strengen Vater gedacht, der die Kinder durch Schläge erzieht. Sie knüpft an drei Kennzeichen an, die dem Vater in ihrem gesellschaftlichen Umfeld zugeschrieben wurden: Der Vater galt als Ursprung und Mittelpunkt einer Familie. Nicht zufällig erzählt die Bibel im ersten Buch Mose von den Stamm-Vätern, um dem Volk in einer gemeinsamen Geschichte Identität und Wert zu geben. Wir leben heute unter anderen gesellschaftlichen Verhältnissen, in denen zunehmend – aber immer noch nicht ausreichend – der gleiche Wert und die gleichen Rechte für Frauen und Männer erkannt werden. Wir würden heute eher eine Geschichte von Stammeltern schreiben, aber in der Bibel ist das – geschichtlich bedingt – eben anders. So, wie man die Familie auf einen Vater zurückführte, so führen Gläubige die Welt auf Gott als ihren Schöpfer zurück. Darin liegt ein Moment der Freiheit und Verantwortung: Diejenigen, die Gott allein als ewigen Schöpfer bekennen, müssen nichts und niemanden mehr in der Welt verabsolutieren. Nichts in der Welt ist so ewig und wichtig, dass es wert wäre, verehrt zu werden. Kein Politiker, kein Reichtum, kein Projekt, kein Bauwerk, keine Ideologie ist so wichtig, dass man ihnen das Glück der Menschen (oder gar sie selbst) opfern müsste.

Der Vater war in der Antike nicht nur für die Geschichte der Familie zuständig, er musste sie auch verteidigen und erhalten. Natürlich haben in Wirklichkeit die Mütter mindestens ebenso viel dazu beigetragen, im gesellschaftlichen Bewusstsein jedoch musste ein Mann für das wirtschaftliche Auskommen einer Familie sorgen. So, wie man den Vater als Erhalter und Versorger der Familie empfand, so bekennen Christen Gott als Erhalter und Versorger der ganzen Welt. Auch darin liegt ein Moment der Hoffnung: Wer Gott als Erhalter der Welt und seinen Fürsorger bekennt, entgeht der Sorge, immer zu kurz zu kommen.

Schließlich galt der Vater als absolute Autorität in seiner Familie: Sein Wort war Gesetz. Ihm schuldete die ganze Familie strikten Gehorsam. Er entschied über die Zukunft der Kinder, schloss Geschäfte ab und konnte allein vor Gericht aussagen. Frauen und Kinder waren in den antiken Gesellschaften, die den Hintergrund für die Erzählungen der Bibel bilden, davon weitgehend ausgeschlossen. So, wie ein Vater unbedingte Autorität in seiner Familie besaß, so billigen Christen Gott die unbedingte Autorität über die ganze Welt zu: Er entscheidet letztlich über das Schicksal des Einzelnen wie über den Lauf der Weltgeschichte. Ihm schulden die Menschen Gehorsam. Das klingt nach Kadavergehorsam und Unterdrückung. Interessanterweise war und ist der

Gehorsam gegenüber Gott, dem Vater, für viele gläubige Menschen jedoch ein Motiv, für Freiheit und Gerechtigkeit einzutreten. Wenn ich allein Gott als oberste Autorität anerkenne, kann kein weltlicher Herrscher, keine Institution, auch keine kirchliche Autorität mehr absoluten Gehorsam verlangen. Ihre Macht muss sich an Gottes Anspruch messen lassen. Wer Gott gehorcht, ist frei, Menschen zu widersprechen.

Der menschliche Gott, den uns Jesus vorgelebt hat (der Sohn)

Viele Kritiker des christlichen Glaubens sagen, die Kirche habe aus dem einfachen, überzeugenden Wanderprediger Jesus aus Nazaret einen wundertätigen Superman, einen Halbgott gemacht. Nach und nach habe man ihn gegen seinen Willen und schon gar nicht in seinem Sinne zu einem Gott gemacht. Sicherlich ist an der Überhöhung Jesu historisch viel dran. Bei aller Verehrung und Wertschätzung hat die Kirche vielleicht so manches Mal den Menschen Jesus nicht mehr gesehen, der Angst hatte, der zweifelte, der – wie bei der Vertreibung der Händler und Wechsler aus dem Tempel – auch wütend und handgreiflich werden konnte. Ich stelle mir auch nicht einen Jesus vor, der immer zehn Zentimeter über dem Boden schwebte, hin und wieder sein Herz spazieren trug, wie man es auf manchen kitschigen Jesus-Darstellungen sehen kann, und selbst an Regentagen von einem Lichtschein umhüllt war. Aber im Kern halte ich die Kritik für überzogen und falsch. Im Neuen Testament wird erzählt, dass Jesus aus Nazaret Wunder getan hat. Die Frage, ob diese tatsächlich so stattgefunden haben, ist eigentlich zweitrangig. Diese Wundergeschichten wollen sagen: Menschen haben erlebt, wie Gott in ihr Leben eingegriffen und es zum Besseren verändert hat. Das passiert nicht alle Tage und ist so unglaublich, wie uns Wunder nun mal erscheinen. Sie haben in ihrer Begegnung mit Jesus Gott selbst getroffen. Nicht so, dass sie einem leibhaften Gott oder einem Halbgott und sonst einem Überwesen begegneten, von denen es in den antiken Mythen und Fabeln nur so wimmelt. Sie trafen einen Menschen aus Fleisch und Blut. Diese Begegnung hat ihr Leben geprägt. Sie glaubten: Wenn dieser Jesus einen Menschen heilt, wenn er Schuldbeladenen vergibt, wenn er durch seine Worte aus falscher Selbstsicherheit herausreißt, wenn er durch seine Einfühlsamkeit ganze Biografien ändert, dann ist Gott selbst am Werke.

Später haben Menschen, vom Neuen Testament angeleitet, ähnliche Erfahrungen gemacht: Wo ich mich mit der Botschaft Jesu auseinander setze, sie mir zu Herzen gehe lasse, mich mit anderen über sie unterhalte, tut sich etwas in meinem Leben. Ich gewinne eine neue Sichtweise, ich fühle mich aufgefordert zu handeln, ich verstehe mich und meine Mitmenschen besser. Ich muss und kann mich ändern. Diese Erfahrungen sind nicht so spektakulär wie die Wunder im Neuen Testament, aber doch so ungewöhnlich, dass Menschen auch heute noch diesen Wanderprediger aus Galiläa mit Gott in Verbindung bringen. Wenn seine Botschaft noch nach 2000 Jahren ein Leben positiv beeinflusst, wildfremde Menschen unterschiedlicher Herkunft und Bildung zusammenkommen lässt und Tausende Menschen in Bewegung versetzen kann, muss das etwas mit Gott zu tun haben. Jesus aus Nazaret als »Gottes Sohn« zu bezeichnen, als Gottes »Gesalbten« (hebräisch: »Messias«, griechisch: »Christus«), beschreibt also die Überzeugung, in der Begegnung mit dem Menschen Jesus Kontakt zu Gott selbst zu haben.

Dem christlichen Glauben kommt es also wesentlich darauf an zu sagen, dass Gott menschlich erfahrbar ist. Dass man am Leben eines konkreten Menschen ablesen, nachlesen kann, wie Gott in dieser Welt handelt. Dogmatisch gesprochen: Gott wird in Jesus Christus Mensch. Es wird also nicht aus einem Menschen, Jesus, ein Gott gemacht, sondern Gott macht sich uns Menschen gleich. »Gott ist Mensch geworden.« Unser Problem mit solchen Sätzen besteht darin, dass wir gerne Aussagen über das Wesen Gottes bzw. eines Menschen an sich darin sehen. Wir verstehen den Satz so wie vielleicht den Satz: »Eine Amsel ist ein Vogel.« Selbst häufige Kirchgänger verstehen den Satz: »Jesus Christus ist Gottes Sohn«, in diesem Sinne. Sie vergessen dabei, dass man über den Gott der Bibel nur sehr schwer objektive Wesensaussagen wie »Die Amsel ist ein Vogel« machen kann. Es ist daher falsch, Menschen das Bekenntnis abzuverlangen, Jesus Christus sei Gottes Sohn, ohne dass sie irgendwelche nähere Bekanntschaft mit seiner Botschaft und seiner Person gemacht haben. Als theologischer Spitzensatz ist ein solches Bekenntnis leer. Erst wenn es Ausdruck eines Nachdenkens über oder einer Erfahrung mit Jesu Botschaft und Person ist, wird es glaubwürdig.

Gott selbst stellt sich im Alten Testament dem Mose aus einem Dornbusch als der vor, »als der er sich erweisen wird«, oder anders übersetzt: als der, »der für euch da sein wird«. Selbst wenn in der Bibel Eigenschaften Gottes aufgezählt werden, sind diese Spiegel guter Erfahrungen mit Gott. Oft wird eine Eigenschaft Gottes mit einem konkreten Ereignis, etwa einer Befreiungstat Gottes, in Verbindung gebracht. Gott ist nicht an und für sich gütig und gnädig, er erweist sich als gütig und gnädig, weil er das Volk Israel aus der Sklaverei in Ägypten befreite. Gott ist nicht an und für sich rachsüchtig, er beweist seinen Eifer, indem er menschliches Leid, unmenschliche Gewalt und soziales Unrecht nicht einfach so durchgehen lässt. »Jesus Christus ist Gottes Sohn« ist keine grundsätzliche Aussage über himmlische Verwandtschaftsverhältnisse oder über Jesu Zugehörigkeit zu einer bestimmten Klasse überirdischer Wesen.

»Jesus Christus ist Gottes Sohn« fasst das Bekenntnis zusammen: Im Leben dieses Jesus, seinen Taten und Worten, in seinem Geist, können wir Gott selbst erleben. Wer wissen will, wie oder wer Gott ist, muss sich Jesus, seinen Christus, ansehen: Jesu Umgang mit Ausgestoßenen und Kranken, aber auch mit ganz »normalen« Menschen, seine Predigten und seine harsche Kritik an den bestehenden Verhältnissen zeigt: Gott ist menschlich geworden, sozusagen von Mensch zu Mensch erlebbar. Gott ist nicht an und für sich über den Wolken, wahlweise als alter Mann mit Bart oder als gleißendes Licht am Rande des Universums, er steht ganz auf der Seite der Menschen. Er erweist sich in menschlichen Beziehungen, in Respekt, Liebe und Gemeinschaft. Jesus Christus hat vorgelebt, wie Gott erlebbar wird. Sein Leben, sein Sterben und seine Auferstehung erzählen davon, wie Gott bei uns ist. In diesem Sinne sagen wir: »Gott wurde in Jesus Mensch«, oder: »Er ist das Bild Gottes«, oder: »Er ist Gottes Wort«.

Gott setzt Menschen in Bewegung (der Heilige Geist)

Im Abschnitt über Jesus als Gottes Sohn habe ich erwähnt, dass Gott nicht einfach »ist«, sondern sich als gnädig, strafend usw. *erweist.* Vom Gott der Bibel wird meist in Form von Begegnungen und Erfahrungen erzählt. Man könnte auch formulieren: Menschen schließen von einer Wirkung auf eine Ursache. Sie erleben, wie ein Mensch heil wird, wie eine Beziehung wieder ins Lot kommt, wie soziales Unrecht beseitigt wird oder das Schicksal eines ganzen Volkes eine Wende erfährt. Und sie bringen diese Erlebnisse mit Gott in Zusammenhang. Dieser Schluss beruht nicht auf Logik, nicht auf wissenschaftlichen, beweisbaren Tatsachen, sondern auf Glauben in dem vielfachen Sinne des Wortes, wie er eingangs dieses Buches vorgestellt wurde. Die Menschen vertrauen einer Kraft, einem Gegenüber, das ihrem Leben neuen Schwung, einen neuen Sinn, eine neue Perspektive gegeben hat. Es ist daher nicht verwunderlich, dass in der Bibel Gott oft mit Wind verglichen wird. Auch Wind kann man, wie Gott, nicht sehen. Man kann nur anhand seiner Wirkungen erkennen, dass es ihn gibt: Segelboote jagen über die See, Wäsche trocknet, Zweige wiegen hin und her, Drachen steigen in den Himmel, Herbstlaub wirbelt umher, oder auch Bäume werden im Sturm geknickt, wie Streichhölzer und Dächer abgedeckt. Schon bei einem ganz kleinen Wind, bei einem Hauch, spüren wir seine Wirkung: Ein Kind macht Seifenblasen oder lässt die Schirmchen einer Pusteblume über eine Wiese segeln. Zärtlich und fein kann die Wirkung des Windes sein, aber auch gewaltig und zerstörerisch. Die biblischen Begriffe für »Wind« oder »Hauch« sind dieselben wie für »Geist«. Gottes Geist lässt sich im Hebräischen und Griechischen auch mit »Gottes Wind« oder »Gottes Hauch« übersetzen. (Übrigens ist der Geist Gottes im Hebräischen ein weibliches Wesen!) »Gott ist Geist«, damit sagen die Autoren der Bibel, dass Gottes Wirkungen so vielfältig, zärtlich und gewaltig sein können wie die des Windes. Sehen können wir den Wind ebenso wenig wie Gott. »Der Wind«, oder eben: »der Geist weht, wo er will, und du hörst sein Rauschen wohl, aber du weißt nicht, woher er kommt und wohin er fährt«, erklärt Jesus. Gott ist aktiv, aber wir sehen nur die Ergebnisse seiner Aktivitäten. Von Anfang an ist er aktiv, schon ganz zu Beginn der Bibel, noch vor der Schöpfung, heißt es von ihm: »Und die Erde war noch wüst und leer, und der Wind (oder: der Geist) Gottes wehte über das Wasser.« An seinen Wirkungen und Werken, in letzterem Fall: an seiner Schöpfung, kann man Gott erkennen, deshalb nennt man ihn auch Geist (bzw. Wind).

Eine wesentliche Wirkung vom Geist Gottes ist die positive Veränderung von Menschen. Im Alten Testament wird erzählt, wie aus einem unerfahrenen, ängstlichen Bauern ein mutiger, besonnener Heerführer wird. Einem einfachen Schafzüchter werden entscheidende Dinge über Gott und die Tagespolitik klar und er bekommt den Mut und das rhetorische Geschick, diese in die Öffentlichkeit zu tragen. Auch der Beginn der christlichen Gemeinschaft, der Kirche, wird als eine solche Wirkung Gottes beschrieben und wieder wird das Bild vom Wind aufgegriffen: An Pfingsten werden aus verängstigten, mutlosen und enttäuschten Anhängern des gekreuzigten Wanderpredigers Jesus mutige, engagierte und einfallsreiche Zeugen des lebendigen Christus. Menschen werden von Gott in Bewegung versetzt, sie bilden eine neue, bald weltweite Bewegung, eine solidarische Gemeinschaft, die teilt und sich um die Schwachen kümmert. Sie überdenken kritisch überholte Traditionen, öffnen sich für bislang unerwünschte Menschen, überwinden Grenzen, die bislang Standesunterschiede oder religiöse Überzeugungen zogen. Sie werden dadurch keine Übermenschen. Sie machen weiterhin Fehler und liefern sich hitzige Diskussionen über den richtigen Weg. Aber sie machen alle die Erfahrung, dass das Leben kein unabänderliches Schicksal ist, sondern dass ein Mensch genug Kraft, Ideen und Geduld von Gott bekommt, um sich und seine Umwelt entscheidend zu verändern.

Diese Erfahrungen machen auch heute noch viele Leute; es sind selten Heerführer darunter – was wahrscheinlich auch besser so ist -, auch steigen nur wenige Viehzüchter in die Politik ein. Aber auch heute noch machen Menschen die Erfahrung, dass Gott aktiv ist und ihr Leben positiv beeinflusst. Oft beginnt das mit dem

Eingeständnis, bislang etwas falsch gemacht zu haben oder eine falsche Auffassung über Menschen – oder Gott – vertreten zu haben. Menschen werden von Gott in Bewegung versetzt; Art und Weise, Zeitpunkt, Intensität dieser Erfahrung sind dabei so unterschiedlich wie die Wirkungen des Windes, von der plötzlichen Bekehrung à la Paulus bis zur ganz leisen, jahrelangen Auseinandersetzung mit Gott und einer langsamen, widerspruchsvollen Annäherung an die Kirche.

Die Sache mit der Dreieinigkeit

Ein besonders heikler Punkt am christlichen Glauben, zumindest für seine Kritiker, ist die Dreieinigkeit. Wie soll man an den *einen* Gott glauben, der aber als Vater, Sohn und Heiliger Geist auftritt? Das leuchtet vielen einfach nicht ein. Es scheint eine mathematische Unmöglichkeit, dass eins plus eins plus eins gleich eins sein soll. Noch unzumutbarer wird für viele die Vorstellung von einem dreieinigen Gott, wenn sie hören, dass es sich bei Vater, Sohn und Heiligem Geist um drei Personen handeln soll. Drei menschliche Personen, selbst Drillinge, sind nicht eine. Ist Gott aber drei Personen, dann glauben Christen eigentlich an drei Götter.

In der Tat ist die Lehre von der Dreieinigkeit, oder »Trinität«, wie die Theologen sagen, ein Stein des Anstoßes. Vielen ist sie auch einfach zu kompliziert oder zu exotisch. Ich meine jedoch, die Einwände haben ihre Ursache eher in der Vermittlung dieser Lehre als in ihr selbst. Zunächst einmal soll keiner an die Dreieinigkeit glauben. Glauben sollen wir an Gott selbst. Die Dreieinigkeit ist ein Modell, um sich den Gott der Bibel vorstellen und sich Gedanken über sein Wesen, seine Geschichte mit uns Menschen machen zu können. Mit der Vorstellung von der Dreieinigkeit wollen Christen ausdrücken, dass ihr Gott lebendig ist. Er ist nicht ein für alle Mal festgelegt. Er ist kein Götze, den man betrachten kann und der immer gleich aussieht. Die Bibel erzählt davon, dass Gott uns Menschen verschiedene Seiten zeigt. Er handelt unterschiedlich an Menschen. Er verändert sich, ist mit den Menschen im Gespräch. Menschen, die an ihn glauben, sehen ihn unter verschiedenen Aspekten. Zwar kennt die Bibel noch keine Lehre von der Dreieinigkeit – sie ist das Produkt langen Nachdenkens und das Ergebnis langer theologischer Streitigkeiten. Dennoch wird Gott schon im Neuen Testament mehrfach in der Dreiheit von Vater, Sohn und Heiligem Geist beschrieben.

Doch bei genauerem Hinsehen ist uns die Vorstellung von der Dreieinigkeit gar nicht so fremd. Wenn wir ein lebendiges Bild von einem Menschen haben, stellen wir uns auch ihn »dreieinig« vor! Auch von einem Menschen haben wir nie ein abgeschlossenes Bild. Wir können ihn unter verschiedenen Aspekten betrachten. Erst die Summe der verschiedenen Aspekte vermittelt uns in etwa ein lebendiges Bild von ihm. Es müssen nicht unbedingt drei Kategorien sein, nach denen wir unsere Eindrücke von einem Menschen ordnen, aber warum nicht drei? Aller guten Dinge sind drei, sagt der Volksmund. Die Zahl steht für Vollständigkeit und Ausgewogenheit; also warum nicht eine Drei-Einigkeit bei Menschen?

Unsere Vorstellung von einer Person besteht erstens aus ihrem äußeren Erscheinungsbild, ihrem Auftreten. Wenn uns der Name eines Bekannten oder eines Prominenten genannt wird, fällt uns wahrscheinlich zuerst sein Gesicht ein, sein Aussehen, seine Statur. Kennen wir einen Menschen näher, steht uns seine Gestalt vor Augen, vielleicht sogar Einzelheiten und typische Kennzeichen, eine Frisur, eine Brille, Kleidung, die er gerne trägt. Aber mit der äußeren Erscheinung allein ist für uns ein Mensch noch nicht lebendig. Es gehört mehr zu ihm: Zweitens sind daher seine Gedanken, Wünsche, Gefühle, Haltungen und Überzeugungen wichtig. Auch sie machen einen Menschen aus. »Typisch Schröder«, sagen wir vielleicht, wenn wir eine Äußerung des Bundeskanzlers hören. Wir identifizieren einen Gedanken, eine Aussage mit der ganzen Person. Ohne seine politischen Überzeugungen, ohne seine Reden und Äußerungen wäre Gerhard Schröder eben nicht Gerhard Schröder. Doch es fehlt noch ein dritter Aspekt. So richtig lebendig ist für uns ein Mensch erst, wenn er nach außen wirkt, etwas schafft, seine Spuren hinterlässt. Eine Person besteht daher drittens aus ihren Werken. Ich lebe zurzeit in Paris, wo man an jedem Tag in eine Kunstausstellung gehen könnte. »Ganz Picasso«, sagen da manche Betrachter, wenn sie vor einem Bild des Meisters stehen. Natürlich ist das nicht Pablo Picasso, den sie da betrachten. Es ist ein Stück Leinwand mit mehr oder weniger kunstvoll aufgetragener Farbe. Und dennoch gilt dieses Gemälde als Ausdruck der Person Pablo Picasso. Nicht jeder hat die Gabe, berühmte Bilder zu malen, und nur wenige haben das Glück, dass andere diese für wert halten, ausgestellt zu werden. Aber jeder Mensch verändert seine Umwelt. Jeder Mensch prägt sein Umfeld in typischer Weise mit und zwar so, dass durch seinen Einfluss, durch seine Taten etwas von seinem Charakter deutlich wird. Das, was er oder sie schafft, gehört wesentlich zu seiner oder ihrer Person. Menschen, die den Eindruck von sich gewinnen, nichts auszurichten und niemanden positiv (wie negativ) zu beeinflussen, werden oft seelisch krank und fühlen sich gar nicht lebendig.

Das zeigt, wie wichtig es für uns ist, unsere Person unter den verschiedenen genannten Aspekten zur Geltung zu bringen. Erst in der Dreiheit von äußerem Gegenüber, geistigen Fähigkeiten und Einflüssen auf die Umgebung erleben wir einen Menschen als richtig lebendig.

So ist es auch mit Gott. Gott, der Vater, wird in der Bibel oft mit einer – unsichtbaren – Erscheinung, gleichsam mit dem äußeren Auftreten Gottes gleichgesetzt. »Niemand kann Gott sehen«, wird betont und niemand habe den Vater gesehen außer dem Sohn. Die Parallele zu unserer menschlichen Vorstellung vom äußeren Erscheinungsbild einer Person liegt auf der Hand. Es ist meiner Meinung nach kein Zufall, dass einige Autoren im Neuen Testament den Sohn Gottes als »Wort« bezeichnen, wobei das griechische Wort an den betreffenden Stellen auch »Gedanke, Prinzip« bedeuten kann. Auch hier findet sich eine Parallele zu unserer Idee von einer lebendigen Person. Und schließlich tritt Gott in der Bibel immer wieder – oft ganz handfest – in Aktion, er wirkt nach außen, hinterlässt Spuren. An solchen Stellen ist meist von Gottes Geist die Rede. Hier legt sich der Vergleich mit dem dritten Aspekt einer menschlichen Person nahe.

Ich weiß: Jeder Vergleich hinkt. Und ebenso wie die Lehre von der Dreieinigkeit ein Modell ist, erhebt auch dieser Vergleich keinen Anspruch, theologisch und logisch sattelfest zu sein. Er dient der Veranschaulichung. Er wird aber sogar von der Bibel selbst nahe gelegt. In ihr wird gesagt, dass der Mensch ein Gegenüber Gottes ist, sein »Ebenbild«. Das heißt nicht, dass Menschen eigentlich kleine Götter wären oder zumindest göttlich. Gemeint ist aber, dass man im Menschen etwas von Gott und seinem Wesen erkennen kann. Deshalb kann die Vorstellung von einer Person als Dreiheit ein Bild, eine Verständnishilfe dafür sein, dass wir in Gott drei »Personen«, Vater, Sohn und Heiligen Geist, unterscheiden und gerade darum an den *einen*, lebendigen Gott glauben. Allerdings müssen wir dabei von der Vorstellung Abschied nehmen, Gott bestehe sozusagen aus drei Subjekten und bilde eine Art »himmlische Wohngemeinschaft«.

Ist Gott ein »lieber Gott«?

»Lieber Gott, mach mich fromm, dass ich in den Himmel komm.« Viele hat dieses Gebet in ihrer Kindheit begleitet. Vielleicht kennen Sie es auch. Viele wollen allerdings nichts mehr von dieser kindlichen Haltung wissen. Nicht, weil sie nicht in den Himmel kommen wollen, sondern weil sie nicht länger an den »lieben Gott« glauben können. Zu viele schlechte Erfahrungen haben sie in ihrem Leben gemacht, als dass Gott ein (nur) lieber Gott sein kann. Seelische Verletzungen, Krankheit, der plötzliche, viel zu frühe Tod eines geliebten Menschen, Auseinandersetzungen in der Familie, Unfall oder sozialer Abstieg und nicht zuletzt schlechte Erfahrungen mit der Kirche sind Gründe, Abschied vom »lieben Gott« zu nehmen. Nicht selten führen sie sogar dazu, ganz Abschied von Gott, ob lieb oder nicht, zu nehmen. Ich habe zum Beispiel viele Menschen kennen gelernt, die ihren Glauben im Zweiten Weltkrieg gelassen haben. Die Grausamkeit dieses Krieges, die Schreie der Verwundeten und Sterbenden, das Elend der Flüchtlinge, Vertriebenen und Gefangenen haben so tiefe Wunden in ihre Seele gerissen, dass ein gnädiger, menschenfreundlicher, eben: »lieber« Gott keinen Platz mehr in ihr hat. Vielen, denen solche furchtbaren Erlebnisse erspart geblieben sind, reichen die Nachrichten im Fernsehen oder in den Zeitungen aus, um das Vertrauen zu einem »lieben« Gott zu verlieren. Dabei machen sie Gott keineswegs für alles verantwortlich, was in der Welt schief läuft. Kriege, Hunger, Unfälle, Mord und Totschlag sind Werke böser Menschen. Man kann Gott nicht dafür verantwortlich machen, es sei denn, man hält alle Übeltäter für willenlose Marionetten Gottes. »Wenn Gott gerecht wäre, gut und gnädig«, wenden viele aber ein, »dann würde es so viel Leid in der Welt, Krankheiten, Erdbeben und Springfluten nicht geben. Ein guter Gott würde das nicht zulassen.« Man hat diese Gedanken unter dem Stichwort der »Theodizee«, der Rechtfertigung Gottes, zusammengefasst. Generationen von Philosophen und Theologen haben sich mit ihr befasst, ohne zu einem überzeugenden Ergebnis zu kommen.

Manches Mal haben die Theoretiker der Theodizee auch an den Menschen und ihren Zweifeln vorbeigedacht.

Denn nicht jeder, der Gott für sein persönliches oder ein kollektives Unglück verantwortlich macht, will wirklich eine Antwort auf die Frage: »Warum lässt Gott das zu?«

»Schokolade macht glücklich – Gott auch« – steckt in diesem Titel nicht aber dieselbe Behauptung vom lieben Gott, die angesichts des Elends in der Welt geradezu sarkastisch klingt? Wenn Gott glücklich machen soll – und zwar nicht so vorübergehend und nur biochemisch wie die Inhaltsstoffe der Schokolade –, was tut er dann gegen das unverdiente Leid der Menschen? Ist die Theodizeefrage nicht das schlagende Gegenargument gegen den »Schokoladen-Gott«? Denn entweder, so argumentieren die Kritiker, lässt Gott das Leid bewusst zu, dann ist er aber ein grausamer Despot, oder er ist unfähig, das Leid zu vermeiden, dann aber ist er nicht allmächtig, sondern schwach.

Ich habe auch keine Auflösung der Theodizeeproblematik zu bieten. Ich weiß auch keine Antwort auf die Frage, warum Gott Menschen unverdient leiden lässt. Das menschengemachte Leid kann man vielleicht noch beiseite lassen. Und gerade gläubige Menschen sollten alles daran setzen, sich gegen Unrecht, Gewalt, Ausbeutung und Unterdrückung einzusetzen.

Aber es bleibt zum einen die Frage, warum Gott zulässt, dass Menschen anderen Menschen Gewalt antun und sie quälen. Gott hat die Flugzeuge am 11. September 2001 nicht ins World Trade Center gesteuert. Aber er hat es auch nicht verhindert.

Zum anderen bleibt die Frage nach dem Leid, das durch niemanden verursacht wird. Wir können es nicht fromm wegdiskutieren. Die Bibel stellt sich dem Problem. Ein Buch in ihr setzt sich ausschließlich mit dem Problem, ob Gott ein »lieber« Gott ist, auseinander, das Hiobbuch. In ihm verliert der rechtschaffene und fromme Hiob alles, was sein Leben ausmachte: seinen Wohlstand, seine Familie, seine Gesundheit. Ob er darüber auch seinen Glauben an Gott verliert, ist die Kernfrage des Buches. Leider ist es ziemlich schwer verdaulich: In seitenlangen Gesprächsgängen erörtert Hiob mit seinen Freunden, wer an seinem Unglück schuld sein könnte. Ich will daher versuchen, die »Antwort« des Buches (wenn es denn eine Antwort ist) in drei Schlussfolgerungen zusammenzufassen.

Erstens möchte ich bei dem ansetzen, was hinter der Frage steht, beim Wunsch der leidenden Menschen nach Trost, Anerkennung und Solidarität. Die Frage, warum Gott Leid zulässt, ist oft Ausdruck einer tiefen Verzweiflung. Ein Mensch, der so fragt, ruft oft nach Hilfe, wünscht sich keine wundersame rasche Genesung und ein schnelles Endes seines Leides – die Hoffnung darauf hat er vielleicht schon längst aufgegeben. Aber er will sein Leid »mit-teilen«. Er braucht keine Menschen, die ihm auf die Schulter klopfen und sagen: »Kopf hoch, wird schon wieder!« Er braucht Menschen, die zumindest versuchen, sich in sein Leid hineinzuversetzen, die erschrecken vor dem unverdient harten Schicksal, die die bohrenden Fragen und Zweifel anhören und aushalten. Er sehnt sich nach neuer Hoffnung, nach Sinn, nach einem Menschen, der ihn ernst nimmt und ihm zuhört. Der ihn nicht gleich vertröstet oder eine kluge theologische Erklärung zur Hand hat. Was nutzt es einem in Stalingrad traumatisierten Mann, wenn ein Seelsorger gegen seinen auf dem Schlachtfeld verloren gegangenen Glauben einen philosophischen Exkurs über die Güte Gottes setzt?

Das Hiobbuch erzählt, dass Hiobs Freunde, als sie von dessen Unglück erfahren, beschließen, ihn zu besuchen. Doch statt ihn mit aufmunternden Worten zu überschütten, trauern sie erst einmal und sagen eine ganze Woche nichts. Hiob kann ihnen sein Leid mit-teilen. Ich wünsche mir heute Menschen, die das können, Schmerzen, Krankheit und Trauer aushalten, ohne gleich mit einfachen Erklärungen und Trost zur Stelle zu sein. Die Frage »Warum lässt Gott das zu?« braucht manches Mal keine Antwort, sondern schlicht die einfühlsame Gegenwart eines Menschen.

Zweitens haben wir es in der Regel verlernt, auch negative Erfahrungen mit Gott zusammenzudenken. Gott wird uns in unserer Kindheit – und häufig auch später in der Kirche – als ausschließlich lieber Gott vermittelt. Leid, Unrecht und Gewalt haben mit Gott nichts zu tun. Zu Recht machen wir Menschen für viel Unglück auf dieser Welt verantwortlich, freilich ohne dann diese Verantwortung mit Gott zu verbinden. Das zeigt sich etwa daran, dass das Thema »Gottes Gericht« auf den Kanzeln nicht besonders gefragt ist. Natürlich sollten Pfarrer und Pfarrerinnen sonntags nicht mit ewigen Höllenstrafen drohen – Drohbotschaften gehören der »Erwachsenenpädagogik« des Mittelalters an. Die Bibel ist jedoch voller Beispiele für Gottes Einspruch gegen menschliches Fehlverhalten und Unrecht. Vom dritten bis zum vorletzten Kapitel der Bibel wird an die Verantwortung der Menschen vor Gott erinnert. Dass Gott diese Verantwortung einfordert, ist sicherlich etwas anderes als seine angebliche Willkür bei der Zuteilung von Erdbeben und Krankheiten. Es zeigt aber doch, dass der Gott der Bibel nicht einfach der liebe Gott ist, der nach dem Prinzip »Schwamm drüber« verfährt. Im Gegenteil, harte Strafe durch Krieg und Naturkatastrophen lassen sich ebenso wenig aus der Bibel herausstreichen wie Gottes gewaltiges und gewaltsames Eingreifen zugunsten einer Partei. Die Bibel kennt auch eine zerstörerische, dunkle, unverständliche Seite. Entspricht nicht oft das Böse dieser Schattenseite Gottes? Begegnen wir Menschen nicht auch immer wieder einem Bösen, das sich unserem Fassungsvermögen, psychologischen Erklärungen und jeder Form von moralischer oder juristischer Ordnung entzieht? In der Bibel ringen Menschen mit einem Gott, der ihnen manchmal sein rätselhaftes, düsteres Bild zeigt: Jakob in einer hoch symbolischen Erzählung ganz handgreiflich am Bach Jabbok, oder auch Hiob, den Gott seinen Leidensweg gehen lässt. Gehört zu einem menschennahen, leidenschaftlichen Gott nicht auch das Leid? Schließlich entdeckt der christliche Glaube im unsäglichen Leid eines Hingerichteten zur Zeit der römischen Besatzung Judäas das Heil der Welt und Gottes Handeln.

Das Böse können wir nicht verstehen, es entzieht sich unseren Kategorien. »Antworten« auf seine Herkunft können daher auch nur tastende Bewegungen sein. Es täte uns vielleicht gut, auch bei dieser Suche nach dem Gott zu tasten, den wir nicht fassen können, der uns aber zusagt, uns nie fallen zu lassen.

Es gibt auch eine philosophische Erörterung, die ich die »Schein-Theodizee« nennen will. Ich meine die spitzfindigen Gedankengänge, die gar nicht ernstlich eine Antwort auf die Frage nach dem Ursprung des Leids und des Bösen finden wollen, sondern lediglich eine scheinbare Trumpfkarte gegen den Glauben an Gott spielen wollen. Viele Kritiker des christlichen Glaubens nennen das Leid in der Welt schon als Argument gegen Gott, bevor sie sich überhaupt ernsthaft mit ihm beschäftigt haben. Ich treffe Menschen, denen es gut geht, die Gott von ganzem Herzen dankbar sein könnten. Und die das Angebot, mehr Sinn und Glück in ihrem Leben zu erfahren, als Schokolade es je geben könnte, mit dem Verweis auf das Leid anderer ablehnen. Diesen vorschnellen Kritikern ist allerdings drittens entgegenzuhalten, wer wir Menschen eigentlich sind, Gott vor Gericht zu stellen. Gott hat das Recht *uns* zurechtzuweisen und *uns* unsere Fehler vorzuhalten. Was wäre von einem Angeklagten zu halten, der seinen Freispruch dadurch zu erlangen versucht, dass er den Richter aller möglicher Verbrechen bezichtigt? Er käme nicht weit. Gott vor Gericht zu stellen, um ihn loszuwerden, gelingt nicht. Gott am grünen Tisch zu verklagen, um sich nicht näher mit ihm beschäftigten zu müssen, verhindert, Gottes Angebot zu erkennen und einzulösen. Wir sind Menschen, seine Geschöpfe, er ist der Schöpfer.

Die Argumentation, dass wir Menschen gar nicht das Recht haben, von Gott Rechenschaft zu verlangen, kommt ebenfalls im Hiobbuch vor. Sie ist meiner Meinung nach eher etwas für die Zyniker unter den Kritikern Gottes, für wirklich Leidtragende aber ungeeignet.

Man kann nicht die Zweifel und Vorwürfe eines kranken Menschen gegenüber Gott damit abweisen, dass er ja nur ein Mensch sei.

Kann nicht aber doch das Leid in der Welt die Schokolade verderben, die Gott uns anbietet? Die Bibel berichtet von Menschen, die ihr Leid mit Gott bewältigen. Die es ihm vorwerfen, die klagen und hadern. Das heißt aber doch auch: die ihr Leid ganz offen und selbstverständlich mit Gott in Zusammenhang bringen. Die es sich in Psalmen und Klageliedern von der Seele schreiben, es öffentlich machen, es anderen zumuten. Das ändert dieses Leid nicht, es lindert es höchstens. Aber ich bin überzeugt, dass ein Mensch, der sich zu Gott flüchten kann und ihm sein Unglück »vor-werfen« kann, besser mit ihm zurechtkommt, als der, dem ein hartes Schicksal als unauflösbares Rätsel seiner Existenz erscheinen muss. Hiob jedenfalls hält an Gott fest. Ohne ihn hätte er das alles vielleicht nicht ertragen – und hätte die Wendung seines Schicksals zum Guten gar nicht mehr erlebt. Er hätte nicht mehr miterlebt, dass Gott ihn auch durch das Leid trägt.

4. An Gott glauben – brennen wie eine Kerze

Der Glaube an Gott ist für mich wie Schokolade oder noch besser. Denn das Glücksgefühl nach dem Verzehr von Schokolade dauert nur eine kurze Zeit und ist leider nicht ohne schädliche Nebenwirkungen. Gott möchte, dass wir Menschen glücklich werden, im Vollsinn des Wortes, »heil, lebendig, selig« und was die Bibel noch für Ausdrücke dafür kennt. Gott will uns nicht alle Sorgen und Nöte ersparen. Er mutet uns zu zu leben und das ist nicht immer nur süße Schokolade. Das Glücklichsein mit Gott geht weit über ein oberflächliches »Gut-drauf-Sein« hinaus. Mit und vor Gott glücklich sein hat, wie in den bisherigen Kapiteln hoffentlich gezeigt, etwas mit Sinn und Geborgenheit zu tun. Ich kann mich sinnlos betrinken, ich kann kurzzeitig »happy«, glücklich, sein. Aber meine Sorgen und Probleme holen mich schnell wieder ein. Gott gibt uns die Kraft, in all diesen Sorgen nicht zu verzweifeln. Er gibt uns das Verantwortungsgefühl und die Gaben, die uns gestellten Aufgaben zu erfüllen.

Gott will in einem umfassenderen Sinn »glückliche« Menschen aus uns machen, als es Schokolade oder sonstige Hochgenüsse vermögen. Dazu müssen wir keine religiösen Hochleistungssportler werden. Er hofft schlicht auf unser Vertrauen, darauf, dass wir uns ein Leben in Hoffnung und mit einer klaren Orientierung schenken lassen. Gott verspricht uns, was die Bibel »ewiges Leben« nennt. »Ewig« ist dabei weniger eine zeitliche Kategorie (das auch), sondern in erster Linie ein Qualitätsmerkmal. Beim Glauben kommt es darauf an, das Leben zu finden, das Gott uns Menschen zutraut, in dem wir richtig Mensch werden.

Ich möchte das mit einem weiteren Bild aus der Bibel vergleichen. Dort werden gläubige Menschen mit Lichtern verglichen. So sagt Jesus in der Bergpredigt: »Ihr seid das Licht der Welt. Man zündet auch nicht ein Licht an und setzt es dann unter einen Scheffel, sondern auf einen Leuchter, damit es allen leuchtet, die im Hause sind.«

Ein glaubender Mensch soll Feuer und Flamme für Gott sein. Er ist wie eine brennende Kerze. Vergleiche hinken schnell, doch diesen kann man sicher noch etwas ausweiten. Wenn ein glaubender Mensch wie eine brennende Kerze ist, dann könnte man einen nicht glaubenden mit einer Kerze vergleichen, die nicht brennt. Der Sinn einer Kerze besteht aber nun einmal darin zu brennen. Der Sinn unseres Menschseins besteht darin, vor Gott und auf ihn hin zu leben. Nun kann eine Kerze auch ohne Flamme schön anzusehen sein, vielleicht ist sie reich verziert und bunt, aber sie verfehlt ihr ursprüngliches Ziel. So kann ein Leben ohne den Glauben sehr schön verlaufen. Einem Menschen, der nicht an Gott glaubt, kann es unter Umständen an nichts fehlen – ihm entgeht ohne den Glauben doch Entscheidendes: Die Freiheit, sich als schwachen, fehlerhaften und begrenzten Menschen zu akzeptieren, und die Großzügigkeit, anderen ihre Schwächen, Fehler und Grenzen nachzusehen. Die Kraft, an den eigenen Fehlern so zu arbeiten, dass er sie überwindet. Die Aussicht auf eine bessere, von Gott gewollte Welt und das Angebot, an ihr mitzuarbeiten. Einen angemessenen Standpunkt in dieser Welt, eine Grundlage, um sie – ansatzweise – zu verstehen, ihr gegenüber Ehrfurcht zu empfinden, sie zu genießen, sie aber auch nicht zu vergöttern. Einen weiten Blick auf das, was man (noch) nicht sieht, auf die Möglichkeiten, die in der Welt, in anderen Menschen und in ihm schlummern. Die Hoffnung, dass die Welt nicht vom Gesetz des Stärkeren oder vom Geld regiert wird, dass sich diese Welt zum Besseren verändern kann und der Tod nicht das letzte Wort haben wird. Und schließlich einen gesunden Blick auf sein Leistungsvermögen und die Anforderungen, die man an ihn stellt.

Noch einen wichtigen Aspekt am Glauben kann man am Vergleich mit der brennenden Kerze klar machen: Die Kerze kann sich nicht selbst anzünden, so wie der Glaube immer ein Geschenk ist. Er entsteht durch Erziehung oder im Gespräch, im Zusammenleben mit anderen Menschen. Eine Flamme kann möglicherweise auch durch einen kleinen Funken entstehen, so wie der Glaube zunächst ganz unscheinbar und klein sein kann. Vielleicht ist es ein beiläufiger Gedanke, der einen Menschen auf Gott aufmerksam macht, oder ein Buch, das seine bisherige Sichtweise in Frage stellt. Und doch kann nach Jahren daraus ein selbstverständlicher, fröhlicher Glaube werden.

Es gibt viele Menschen, die von Gott begeistert sind, deren Glauben stimmig und einladend ist wie ein helles Licht an einem dunklen Abend. Aber nicht alle

Flammen sind gleich groß und hell. Es gibt auch kleine Lichter. Doch jedes noch so kleine Licht vertreibt die Dunkelheit. So kommt es auch nicht darauf an, wie groß der Glaube ist, schon wenig Vertrauen zu Gott kann in einem Menschen sehr viel bewirken. Auch die Art und Weise, wie eine Kerze leuchtet, ist zweitrangig: Es gibt kleine, warme Windlichter und romantische Tischkerzen, winzige Teelichter und große, stolze Altarkerzen. Es gibt auch nicht *den* Glauben. Jeder Mensch muss seine Frömmigkeit finden. Der eine findet die Bilder, Farben, Formen, Riten und Gerüche einer katholischen Kirche anziehend; eine andere braucht eine gute Portion Tradition und Symbole, freut sich aber besonders über eine gute Predigt – sie wird sich (hoffentlich) in einer evangelischen Gemeinde wohl fühlen. Wieder ein anderer braucht die Wärme und persönliche Frömmigkeit einer Freikirche. Hauptsache, der Glaube macht sein Leben heller – und durch ihn das seiner Mitmenschen.

In diesem Zusammenhang erscheint mir ein weiterer Vergleichspunkt wichtig: Eine brennende Kerze verzehrt sich, sie verändert ihre Umgebung, macht sie hell und warm, schafft eine positive Atmosphäre. Der Glaube an Gott genügt sich nicht selbst. Er ist weit mehr als eine Einstellung, eine religiöse Haltung. Er wirkt sich aus im Dienst am Mitmenschen. Er soll diese Welt besser machen, und wenn nur ein kleines bisschen.

Schließlich will eine Kerzenflamme weitergereicht werden. Stellen Sie sich vor, in einem fast dunklen Raum stehen neben einer brennenden hundert nicht brennende Kerzen. Würden Sie nicht auch instinktiv daran gehen, die hundert, oder zumindest einen Teil von ihnen, anzuzünden? Würden Sie nicht auch das Licht weitergeben, damit der Raum heller wird und Sie seine Schönheit betrachten können? So kann man den Glauben nicht für sich behalten. Man will von ihm erzählen, will anderen die guten Erfahrungen mitteilen, die man durch ihn gemacht hat.

Ein letzter Vergleich: Eine Kerze, ob brennend oder nicht, existiert nicht für immer. Irgendwann wird sie nicht mehr sein. Doch besteht hier ein wichtiger Unterschied zwischen einer brennenden Kerze und einer, die nie brennt. Die brennende Kerze vergeht nicht einfach, sie verwandelt sich im Laufe ihres Brennens in Licht und Wärme. Sie gibt ihr Licht an ihre Umgebung – und an andere Kerzen – weiter. Wie jede Kerze so sind auch wir Menschen nur eine bestimmte Zeit lang auf der Welt. Auch wir sind vergänglich. Jeder von uns muss eines Tages sterben. Wenn wir aber Gott glauben und diesen Glauben leben, dann bestimmt uns etwas, das mit unserem Tod nicht zu Ende geht. Die Bibel spricht von einem neuen Leben durch Gott, von Auferstehung. Dieses neue Leben beginnt nicht erst, wenn wir tot sind, so wie die Kerze bereits Licht wird, so lange sie brennt. Und doch ist dieses ewige Leben, wie es in der Bibel heißt, etwas gänzlich Neues, etwas viel Größeres und Wunderbareres als unsere biologische Existenz. So wie auch Licht und Wärme viel mehr sind als ein Stück Wachs.

Im Glauben, im Leben vor und mit Gott, erleben wir so etwas wie einen Vorgeschmack auf das endgültige, neue Leben.